LES TROUBLES DE LA MÉMOIRE ET LEUR EXAMEN PSYCHOMÉTRIQUE

ANDRÉ REY

LES TROUBLES DE LA MÉMOIRE ET LEUR EXAMEN PSYCHOMÉTRIQUE

— CHARLES DESSART, ÉDITEUR —

2, GALERIE DES PRINCES, BRUXELLES

D — 1966 — 0024 — 5

© Charles Dessart, Bruxelles 1966

AVERTISSEMENT

Nous considérerons dans une première partie des formes et des degrés de troubles mnésiques car c'est en fonction de cette diversité à la fois qualitative et quantitative que le testage doit être conçu. D'emblée, les problèmes de méthode seront au premier plan.

Nous décrirons ensuite un test examinant la mémoire dans la perspective méthodologique préalablement tracée dans la partie introductive. Cette épreuve psychométrique comprend plusieurs sous-tests et aboutit à un profil réunissant divers rendements mnésiques. Nous la nommerons « profil de rendements mnésiques » abrégé P.R.M.

Dans une troisième partie nous décrirons et commenterons les profils enregistrés sur différents groupes de malades. Il s'agit d'une clinique du test.

Dans une brève conclusion, nous résumerons ce que ce test nous a appris en ce qui concerne principalement le mécanisme de l'évocation volontaire qui représente l'aspect le plus délicat et le plus évolué de l'activité mnésique.

Quant à la notion de mémoire, si chargée de passé philosophique et psychologique, nous ne la retenons que sous forme d'une étiquette qui groupe un vaste ensemble d'activités assurant dans le comportement et pour la conscience une persistance des effets de l'expérience passée. Ces activités sont nombreuses, fortement intriquées, et tout un aspect de l'efficience mnésique est sans doute appris au cours de l'existence. Le terme d'activités mnésiques que nous emploierons souvent ne préjuge pas de ce que pourrait être « l'essence » de la mémoire. Il groupe des processus divers qui s'appuient tous, certes, sur l'état des structures nerveuses mais qui sont probablement plus efficaces par ce qu'ils modulent, organisent, adaptent, que par des propriétés de fixation et de conservation intrinsèques qu'il faut bien conférer finalement au tissu neuro-cérébral.

Ce n'est pas l'une des moindres difficultés de l'examen de la mémoire en psychologie appliquée à la clinique que d'apercevoir, à partir des activités mnésiques provoquées et observées, la part qui revient au degré de différenciation que ces activités ont acquises au cours de l'existence et celle qu'il faut imputer à la détérioration de leurs supports neuro-physiologiques.

Relevons enfin que le test et l'étude présentés intéressent avant tout la grosse pathologie des fonctions intellectuelles chez les adultes. C'est avant tout pour mieux comprendre l'état des malades que nous avons conduit ces recherches. Mais, comme il se doit, nous avons souvent passé par la psychologie évolutive pour préciser certains problèmes. On trouvera donc des étalonnages relatifs aux performances des jeunes enfants. Avec ces derniers le test peut avoir de la valeur lorsqu'on l'introduit dans une batterie d'épreuves intéressant la routine de l'examen psychologique.

PARTIE INTRODUCTIVE

Aperçu d'étapes dans la détérioration progressive de l'activité mnésique

§ 1. — On observe, on classe qualitativement et on nuance les déficits de la mémoire par la clinique, on les objective et on les quantifie par des tests psychométriques. A elle seule, aucune des deux méthodes ne permet de repérer toute la diversité des altérations de la mémoire et de dominer la progression et la gradation des troubles. La détérioration n'affecte pas par degrés linéaires une variable simple; elle procède selon un processus dont les diverses étapes montrent bien à quel édifice fonctionnel complexe répond notre concept pratique de mémoire. Seule la clinique permet de saisir certaines de ces étapes, seule la psychométrie permet d'en apercevoir d'autres, seule enfin la mise en rapport et en continuité convenable des deux moyens donne une vue d'ensemble d'une détérioration progressive où les formes supérieures de l'activité mnésique fléchissent tout d'abord quantitativement tandis que des formes moins évoluées demeurent apparemment intactes avant que leurs rendements ne s'affaiblissent à leur tour.

La clinique permet de distinguer des phases successives dans la dissolution mnésique et de classer ainsi les processus supérieurs et inférieurs. La psychométrie, en provoquant systématiquement des réactions selon les principes de l'expérimentation standardisée, permet de quantifier les formes d'efficience mnésique conservées et d'établir ainsi des degrés à l'intérieur des états distingués cliniquement. Ainsi les deux méthodes se complètent pour la symptomatologie et pour les recherches.

En usant de ces deux ressources, sérions les troubles de la mémoire en allant des altérations fonctionnelles les plus légères aux états d'abolition de la capacité à utiliser d'une façon adéquate l'enregistrement mental du passé sous forme de souvenirs, de reconnaissances ou d'habitudes.

Pour la clarté de l'exposé il est bon de présenter un schéma de la classification que nous commenterons.

1er Groupe : Patients ne révélant aucune anomalie aux tests courants d'évocation mnésique. Ils peuvent présenter cependant des troubles parfois assez prononcés de la mémoire.

2e Groupe : Patients présentant un affaiblissement très net de la capacité d'évocation mnésique. Ils posent de nombreux problèmes. Chez eux la recognition mnésique n'est pas ou est très peu touchée.

3e Groupe : Patients présentant des troubles de la recognition mnésique et chez lesquels l'évocation, bien entendu, est nettement altérée.

4e Groupe : Dissolution de la capacité à reconnaître, en tant qu'acte mental conscient se référant à l'expérience passée. Il ne subsiste qu'une reconnaissance automatique fonction d'habitudes plus ou moins altérées selon le degré d'atteinte des structures cérébrales par le processus pathologique.

Examinons successivement chacun de ces quatre groupes. Ils posent tous d'importants problèmes techniques que nous relèverons au passage, les problèmes pratiques d'observation et d'examen étant au centre de nos préoccupations.

§ 2. *Premier Groupe*. — Dans les altérations les plus légères les tests ordinaires d'acquisition, d'évocation, de recognition n'objectivent aucun déficit d'ordre quantitatif. Le patient apprend, évoque, reconnaît dans des proportions conformes à ce que l'on est en droit d'attendre de son âge, de sa culture et de son degré d'entraînement intellectuel (nous verrons plus loin quelles sont les règles à suivre pour apprécier l'efficience mnésique en fonction de la différenciation intellectuelle acquise par le sujet, en fonction de son entraînement, de sa scolarisation, de sa capacité à structurer les données, en fonction de son aisance sociale dans le dialogue). Ainsi les tests, ou du moins la plupart d'entre eux, n'objectivent, dans ce premier cas, aucun trouble d'ordre quantitatif, si nous nous fondons sur les étalonnages et les normes propres à l'échantillon de population dont le patient fait partie.

Pourtant ce dernier se plaint de sa mémoire et décrit divers états où il est conscient d'un affaiblissement.

Des vues psychométriques étroites inviteraient à écarter de telles plaintes et à déclarer que les tests prouvent que la mémoire est normale. Cette attitude est erronée. Il suffit de dire que les méthodes psychométriques courantes n'objectivent pas de déficit et que si déficit il y a, ce qui est possible, il s'agit d'altérations qui sont encore parfaitement compatibles avec la production d'un rendement normal à des épreuves psychologiques. On remarquera alors que ces tests font intervenir, pendant un temps relativement court, un effort centré sur des tâches bien définies, qu'il s'agit d'une adaptation volontaire circonscrite où la réussite dépend de toutes les ressources mentales disponibles, adaptation facilitée par la situation même de l'épreuve, par sa qualité d'événement quelque peu exceptionnel accepté et vécu par le patient avec intensité et bonne volonté. On considérera ensuite qu'en dehors de cette situation particulière et facilitante du test, il est possible que le patient puisse présenter des manifestations qu'il assimile à un défaut de mémoire.

A la suite de cet examen psychométrique négatif nous avons acquis, en tout cas, une notion importante que la clinique relèvera aussitôt : le patient est sincère et collabore bien, ses résultats normaux aux épreuves en témoignent sans plus. Dans ces conditions, ne faut-il pas prêter une grande attention à ses plaintes qui doivent être fondées de quelque manière? En interrogeant ces patients, nous obtiendrons alors souvent des descriptions relevant toujours les mêmes phénomènes et les mêmes circonstances. Les manques de mémoire surviennent lorsque le sujet est fatigué, les événements défilent alors sans se fixer, ou bien cette fatigue, en fin de journée ou après un effort, rend l'évocation laborieuse, incertaine et empêche la recherche active du souvenir par restructuration ou recrutement associatif. La recognition, par contre, n'est jamais troublée, c'est souvent en reconnaissant que le patient éprouve qu'il n'évoque plus normalement. En outre, il y a toujours conscience de la lacune mnésique, celle-ci étant souvent parfaitement définie et circonscrite. Tout se passe comme si les ressources mentales subsistantes structuraient très convenablement la forme, la nature et le degré du souvenir défaillant qui apparaît ainsi avant tout comme un défaut d'évocation formelle. Dans d'autres cas, ou conjointement, la disponibilité évocatrice est particulièrement sensible à l'ambiance : il suffit qu'il y ait du bruit, du mouvement, de l'émotion, qu'il faille agir tout en pensant et en se remémorant, en bref qu'il y ait difficulté à se recueillir, pour que paraisse un sentiment de mémoire bloquée. Mais ici aussi il y a toujours conscience de l'entrave et connaissance, catégorielle tout au moins, des données faisant défaut. En somme, il s'agit de phénomènes que chacun d'entre nous éprouve à l'occasion mais qui frappent ici par leur fréquence ou leur intensité. Relevons un paradoxe du comportement mnésique normal : l'oubli nous apparaît toujours comme une rupture dans une continuité de disponibilités; c'est parce qu'on se souvient bien de certaines données que nous prenons conscience de failles; c'est en se remémorant suffisamment la structure ou la composition d'une série, par exemple, qu'on découvre qu'elle comporte des oublis et qu'on les localise. Ainsi la « conscience » de l'oubli résulte toujours d'une activité intellectuelle complexe disposant de souvenirs relativement nombreux. Les patients de ce premier groupe mentionnent souvent deux circonstances où leur mémoire est en difficulté. Ainsi ils se disent peu capables ou incapables de participer à une conversation entre plusieurs individus. Au bout d'un instant ils ont oublié ce qui vient d'être dit et mêlent les propos des interlocuteurs. De même au cours d'une lecture les données initiales s'estompent et quand l'intelligence du texte exige leur présence dans la conscience ils éprouvent leur absence avec plus ou moins de désagrément. Dans ces deux cas, c'est parce qu'il subsiste une activité intellectuelle relativement importante que l'individu ressent ses difficultés de fixation mnésique.

Les conditions dans lesquelles se produisent ces troubles nous éclairent sur leur nature : ce qui gêne l'individu c'est la succession relativement trop rapide pour eux dans le temps de données différentes; tout se passe comme si l'apparition et la fixation de données nouvelles entraînaient l'affaiblissement, la disparition même des données qui paraissaient antérieurement acquises. Nous avons affaire à un phénomène d'inhibition rétroactive. L'inhibition rétroactive implique, normalement, un blocage plus ou moins accentué des fixations précédentes par toute fixation ultérieure; l'intensité de l'inhibition est proportionnelle, entre certaines limites, au degré de similitude des données se succédant : lorsque celles-ci sont très différentes en nature et en structure, l'inhibition est faible; elle augmente avec le degré d'analogie des séries jusqu'à un maximum où les données fixées en second lieu peuvent empêcher complètement l'évocation de celles fixées en premier lieu (loi de Skaggs-Robinson); enfin l'inhibition se réduit et devient nulle lorsque les deux séries évoluent vers l'identité; il n'y a plus, évidemment, que simple répétition.

On sait qu'il s'agit d'un phénomène normal que l'on met en évidence aussi bien chez des rats apprenant successivement deux labyrinthes (l'apprentissage du second trouble, détruit même l'acquisition correcte du premier), que chez l'homme qui mémorise des tranches successives de savoir.

Chez les patients dont nous nous occupons, l'inhibition rétroactive mnésique est particulièrement intense. Dans la conversation et dans la lecture, activités où se constituent des suites d'événements et de données, la situation est particulièrement favorable à cet effet inhibiteur, d'où les plaintes que nous enregistrons. Lorsque le patient est aux études et qu'il est appelé à mémoriser des tranches de savoir, une tranche fixée n'est plus disponible, lorsqu'une nouvelle tranche a été acquise, d'où piétinement décourageant ou répétitions épuisantes.

L'expérience psychométrique vérifie cette intensité exceptionnelle de l'inhibition rétroactive chez les patients constituant le premier groupe. Ils fournissent des rendements tout à fait normaux, parfois bons, à un premier test; qu'on applique à la suite une épreuve équivalente, on verra le rendement demeurer encore dans les normes; qu'on revienne enfin au premier test et l'on constatera que l'évocation des données, possédées tout à l'heure, s'est affaiblie dans des proportions anormales pouvant aller jusqu'à un blocage complet. Ainsi, en partant d'une étude clinique de ces patients nous nous sommes orientés vers des techniques psychométriques adaptées. Elles peuvent alors objectiver un trouble gênant qu'on eût pu ignorer ou sous-estimer.

§ 3. *Deuxième Groupe* — Nous réunissons dans ce groupe les patients qui accusent une insuffisance de rendement nette aux tests courants d'évocation et d'acquisition. Leurs résultats se situent hors des normes établies pour les échantillons de population dont ils font respectivement partie. Toutefois avant de les classer définitivement sur cette base psychométrique, plusieurs conditions doivent être satisfaites :

a) Il faut être sûr que la collaboration, l'effort requis par le test ne posent pas de problème de loyauté ou de sérieux. On doit s'assurer que les rendements enregistrés correspondent bien au maximum que le patient peut fournir.

b) Il faut s'assurer également que les rendements enregistrés se situent bien en dessous de ce que l'on pouvait attendre du niveau intellectuel global du sujet examiné. Certes, en utilisant des étalonnages formés sur des populations bien différenciées quant à l'âge, le niveau culturel et social, on évitera certaines erreurs grossières d'appréciation. En effet, on ne saurait attendre, en moyenne, les mêmes performances mnésiques chez un intellectuel entraîné et chez un manœuvre mal scolarisé et ne se livrant plus, depuis longtemps, à des efforts de fixation et d'évocation formelles. Cependant l'emploi de normes convenables ne suffit pas toujours pour trancher, surtout en présence de grosses insuffisances de rendement. On examinera alors la capacité du patient à appréhender et surtout à structurer les données à fixer.

La fixation mnésique dépend largement en effet de la manière dont les données sont perçues, organisées entre elles, des significations et des liens associatifs qu'elles contractent avec l'ensemble du psychisme au moment où elles sont saisies et des rapports qui s'établissent entre elles lorsqu'elles forment une série ou un ensemble. Cette capacité à structurer les données extérieures est relativement facile à tester ; il existe divers moyens pour se rendre compte si les données sont perçues sous une forme évoluée ou infantile et pour connaître les significations que les choses et les signes revêtent pour l'esprit.

c) La sincérité et la loyauté n'étant pas en cause, il faut s'assurer que le faible rendement enregistré dépend bien d'un affaiblissement du pouvoir mnésique et non pas d'un autre genre d'anomalie qui, intervenant en premier lieu, conditionnerait secondairement la mauvaise fixation, l'évocation réduite, éventuellement un relâchement dans la structuration active des données à retenir.

Différentes causes peuvent agir. Mentionnons :

Des états d'asthénie, de dépression, d'abaissement de la vigilance ; c'est moins la mémoire, au sens strict, qui est atteinte que le dynamisme mental qui doit la mettre en œuvre. L'hyperfatigabilité mentale aura les mêmes conséquences.

Des états de conscience obsédants, l'angoisse, des préoccupations intenses, des symptômes hallucinatoires, des tendances interprétatives incoercibles, etc. : il s'agit d'états qui, en occupant partiellement la conscience, l'empêchent de se centrer entièrement sur les tâches mnésiques ; chez certains patients réticents ces contenus mentaux peuvent demeurer cachés et on les ignorera si on ne les recherche pas. Dans d'autres cas, le champ de conscience n'est pas envahi par des contenus étrangers à l'activité actuelle, mais il est désorganisé et rétréci par des désordres émotionnels : nous mentionnerons la peur de ne pouvoir fixer les données du test, la peur de ne pouvoir les évoquer (ces formes de blocage se rencontrent surtout chez des enfants émotifs et chez certains sujets frustes). Le souvenir d'une impuissance mnésique qui a réellement existé dans le passé, la peur de l'effort mental, une interdiction inconsciente de s'adapter à la tâche, représentent d'autres nuances. Le sujet est alors persuadé qu'il ne peut plus faire d'effort. Ayant présenté autrefois des difficultés mnésiques réelles, il saisit l'occasion du test pour démontrer leur survivance et, inconsciemment, devant la tâche, il réduit son activité mentale. On rencontre quelquefois ces réactions dans des cas de sinistrose; la limite n'est pas toujours facile à trancher avec les états de simulation volontaire.

Certains patients peuvent présenter, au cours de l'examen mnésique, de légers blocages transitoires, des fluctuations de la vigilance, des « absences » entraînant des irrégularités de rendement parfois difficiles à interpréter.

Enfin, les malaises physiques, les céphalées, peuvent ne pas être spontanément signalés par des patients qui ne disposent plus ainsi de leurs disponibilités habituelles. On peut oublier aussi que certains sujets sont sous l'effet de médicaments au moment de l'examen psychologique, ce qui peut impliquer des réserves à l'égard des résultats enregistrés. Enfin on ne regrettera jamais de s'informer des accidents qui ont pu se produire quelques heures avant l'examen ou la veille (crises épileptiques, coma insulinique, intoxication, poussée fébrile, etc.).

Comment identifier ces divers sous-groupes?

Lorsqu'on soupçonne la simulation ou qu'en présence d'un rendement mnésique nettement faible il importe de faire la preuve de la sincérité, on recourra utilement à des tests de sincérité. Ils sont fondés sur un certain nombre de principes et exploitent quelques lois de la mémoire normale (en particulier rapport recognition-évocation).

Nous examinerons plus loin ces techniques qui, utilisées en variété et en nombre suffisants, permettent de dépister facilement les collaborations suspectes. Pour ce qui est du niveau mental faible et des capacités limitées à structurer les données proposées à la fixation mnésique, il convient, comme nous l'avons signalé, de procéder à un examen du degré de différenciation intellectuelle du patient. On retiendra toutefois que ce degré peut être faible et coïncider cependant avec une mémoire passive excellente, d'où impossibilité de se fonder sur une loi simple où chaque niveau structurateur et opérateur du développement intellectuel impliquerait un niveau mnésique quantitatif brut correspondant.

Pour ce qui est des sujets dont les capacités mnésiques sont réduites par l'hyperfatigabilité, des tests de résistance lors d'un effort mental soutenu montreront que le symptôme majeur n'est pas essentiellement d'ordre mnésique.

Dans tous les cas où la conscience est envahie par des contenus mentaux parasitaires, des états subjectifs accaparant une partie des forces, dans les cas aussi de brusques fluctuations de la tension psychologique, c'est l'irrégularité des profils de rendement mnésique et le comportement des patients pendant l'examen qui attireront l'attention. Il est donc bon de disposer de tests permettant, quelles que soient les catégories de patients, d'établir des profils de rendement mnésique; les sous-tests qui les composent doivent normalement soutenir entre eux certains rapports en vertu de lois propres à l'activité mnésique. Les irrégularités de profil ainsi constatées, on pourra compléter l'analyse en manœuvrant dans la suite avec des tests de sincérité et de centration mentale soutenue.

Terminons l'étude de ce deuxième groupe en relevant l'importance clinique et technique du rapport entre le taux de recognition et celui d'évocation.

Depuis longtemps la psychologie expérimentale a montré que l'on reconnaissait toujours plus de données perçues que l'on n'était capable d'en évoquer. Ramener à la conscience une expérience perceptive passée et la communiquer est un processus plus onéreux et quantitativement beaucoup plus réduit que celui qui consiste à identifier, dans l'expérience actuelle, des données ayant appartenu à une expérience passée déterminée. Chacun éprouve et comprend que reconnaître est plus simple et plus direct qu'évoquer, mais le mécanisme psycho-physiologique exact du phénomène nous échappe. Certes, l'évocation, où l'individu doit se situer dans le passé et se couper de son présent perceptif, exige une activité plus complexe que la recognition. On évoque pour autant qu'on se détourne des sollicitations du présent, tandis que dans la recognition c'est précisément une sollicitation présente qui replonge le sujet dans un moment de son passé. On peut se contenter de cette remarque qui suffit pour les besoins de la clinique mais qui n'explique cependant pas tout. Il est donc de règle qu'un patient dont les rendements sont nettement insuffisants sur le plan mnésique évocatoire présente des résultats plus élevés, voire parfois normaux, lorsque l'examen met en œuvre un processus de recognition. Cette amélioration significative permet ainsi de verser au dossier du cas une relation confirmant la réalité de troubles intéressant l'évocation et manifestant une bonne collaboration. Il faudra, bien entendu, disposer des tests convenables ou construire un même test de manière que l'efficience mnésique puisse être examinée selon les deux processus successivement.

L'absence d'augmentation du rendement de l'évocation à la recognition est-elle toujours le signe d'une collaboration douteuse? Elle est suspecte le plus souvent, mais on se souviendra qu'il est des sujets fortement détériorés, ou hyperfatigables ou à brusques blocages qui peuvent présenter soudain une fluctuation d'attitude ou un état cérébral transitoire qui, coïncidant avec la phase de l'examen où l'on examine la recognition, détermineront une chute d'efficience ne permettant plus de mettre en évidence la relation normale entre les taux d'évocation et de recognition. Ces anomalies se rencontrent surtout chez des enfants arriérés et instables chez lesquels la constance des motivations est faible.

Si la recognition est plus aisée que l'évocation, il faut remarquer que de fausses recognitions peuvent perturber le processus des identifications exactes. Dans un test de recognition on doit mêler aux données à reconnaître et ayant fait partie de l'expérience passée des données étrangères à cette expérience et cela en nombre égal au moins. Nécessairement ces données étrangères, que le patient doit écarter, font aussi partie, puisqu'elles lui sont intelligibles, d'une certaine expérience passée. Dans la recognition correcte, il y a donc une démarche consistant à rapporter à un moment déterminé du passé certains éléments et à en écarter d'autres; l'activité mentale globale doit s'orienter temporellement pour reconnaître ce qui appartient à une expérience déterminée et non à l'expérience en général. Or, à cet égard, il peut y avoir des difficultés tenant à l'état de désorganisation cérébrale, comme nous le verrons plus loin. Mais il y a aussi des scrupules, des hésitations, une difficulté à se décider : devant une donnée connue, mais ne faisant pas partie des éléments à reconnaître, le patient éprouvera qu'elle lui est familière, surtout s'il s'agit d'une chose banale fréquemment aperçue et par-là probable; il hésitera alors à l'écarter rapidement de l'expérience passée récente où, cependant, elle ne figurait pas. Cette insécurité peut s'amplifier et le scrupule, l'anxiété aidant, déterminer des blocages. Par peur de se tromper et d'accumuler des fausses recognitions, le sujet peut se refuser à reconnaître.

Certes, l'affaiblissement même de la mémoire et surtout l'état de désorganisation cérébrale déterminent ces hésitations; un esprit sain reconnaît immédiatement; le stimulus s'impose du dehors et emporte la conviction. Chez les douteurs, chez les hyperscrupuleux est-ce un certain affaiblissement mnésique qui conditionne déjà en partie leur comportement ou une attitude particulière devant la réalité, relevant d'un tout autre mécanisme, vient-elle troubler la recognition ? Comme on ne procède guère à des examens de tous les processus mnésiques chez de tels sujets, il est actuellement difficile de répondre. On se souviendra cependant que sur le plan pratique la peur des fausses recognitions peut entraîner parfois un affaiblissement du taux des recognitions exactes. C'est l'attitude du sujet, ses propos, sa lenteur de décision qui permettent de suspecter cet état. On améliore parfois le rendement en signalant que les fausses recognitions ne sont pas prises en considération dans le test et qu'il suffit d'exprimer une première impression.

§ 4. *Troisième Groupe* — Le rapport évocation-recognition aide à constituer le troisième groupe de notre classification. Les patients ne peuvent évoquer les données présentées à leur fixation que dans une proportion infime. Par contre, ils sont capables de les reconnaître et de les rapporter à l'expérience passée. Cette recognition consciente et orientée s'oppose à l'évocation volontaire orientée, nulle ou diminuée dans des proportions considérables. On comprend facilement que le comportement de ces patients puisse faire illusion si on ne les soumet pas à des tests précis. Dans la vie journalière, dans une salle d'hôpital ou d'asile, par exemple, une recognition orientée spatio-temporellement suffit le plus souvent à l'adaptation; aussi la mémoire de ces malades ne pose pas trop de problèmes pratiques. Ils étonneront cependant quand on opposera leur capacité à reconnaître correctement à leurs difficultés d'évocation. On verra là une contradiction, une inconstance fâcheuse de la mémoire peu favorable à son étude scientifique, alors qu'il s'agit de mécanismes différents.

A ce troisième niveau de la détérioration mnésique apparaissent déjà des phénomènes d'un grand intérêt clinique et théorique et qui compléteront les résultats du testage. Tout le monde connaît la tendance des vieillards affaiblis mentalement à se répéter. A faible intervalle temporel ils renouvellent leurs propos et s'étonnent ou se vexent si on ne leur prête pas attention.

Ces répétitions inadaptées résultent, semble-t-il, d'automatismes recognitifs et associatifs incontrôlés ou incontrôlables par suite de l'affaiblissement mental global. Dans le premier cas l'incitation à se répéter vient du dehors : se retrouvant devant du connu et le percevant comme tel, le patient remanifeste que la donnée lui est connue. Ce qui a disparu c'est la persistance du passé immédiat où la recognition vient déjà d'avoir eu lieu. Il y a un paradoxe sous ce phénomène : le patient reconnaît sans cesse parce qu'il est devenu incapable de reconnaître qu'il reconnaît et de ce fait d'inhiber ces manifestations de recognition répétée sur le plan de la communication sociale et de la communication avec soi-même.

Dans le cas où il s'agit de pressions associatives incontrôlées, l'incitation vient alors de l'intérieur. Un événement n'est significatif qu'en fonction d'un halo associatif, lentement constitué au cours de l'existence. Voici ce qui se passe vraisemblablement chez les patients que nous considérons. Leur rappelle-t-on un événement, un fait revient-il à leur esprit, aussitôt autour de cette donnée centrale, des phénomènes associatifs se développent pour en assurer automatiquement la signification; l'une ou l'autre de ces associations s'installe au premier plan de la conscience et le patient, cédant à cette venue significative, l'extériorise en langage. Quelques instants plus tard, la donnée revenant dans la conversation ou simplement à la conscience du sujet, la même association significative réapparaît et sera à nouveau communiquée sans nécessité cette fois-ci. Les digressions reposent sur un mécanisme analogue.

Ces réactions, qui constituent des signes cliniques d'un grand intérêt, peuvent-elles inspirer une forme de testage complémentaire des examens de l'évocation et de la recognition?

Certes, les comportements les plus typiques sont aussi les plus spontanés. On observera donc attentivement ces vieillards détériorés mentalement tandis qu'ils évoquent des souvenirs et on relèvera avec soin la structure de leur récit. Y a-t-il progression continue ou fréquentes digressions et répétitions?

En faisant observer au détérioré mental qu'il se répète ou qu'il digresse, nous enregistrons souvent des réactions intéressantes. Le vieillard souvent rira et se traitera de radoteur, ce qui ne l'empêchera pas de se répéter et de digresser. Il arrive aussi qu'il se contrôle mieux pendant une période. Il se méfie alors de lui-même et arrête ses associations avant de les extérioriser, ou bien, il s'informe encore de l'intérêt qu'elles peuvent avoir pour autrui. Selon les caractères, les vieillards détériorés seront troublés, vexés, indignés, ou soumis.

Les très jeunes enfants se répètent inlassablement dans leurs recognitions et leurs associations, ce qui n'est pas sans rappeler beaucoup les réactions des vieillards mentalement affaiblis. De même, les petits ont de la peine à évoquer et pendant longtemps leurs rendements évocatoires sont faibles. Au début et au déclin de la vie mentale, on retrouve des phénomènes qui se ressemblent : rendement évocatoire volontaire orienté faible, recognitions quantitativement normales mais non reconnues comme telles, pression associative entraînant des répétitions incoercibles.

Rien n'est plus facile, jusque vers 3 ans, que de tromper les petits en se fondant sur la faiblesse de leur pouvoir évocatoire : par exemple, veut-on éliminer quelque jouet encombrant, supprimer un comportement gênant, on fera disparaître l'objet ou on changera un aspect de l'ambiance. Le lendemain l'enfant ne recherche plus ce qui la veille constituait pour lui l'objet essentiel de son activité; il suffit qu'il soit sollicité par d'autres recognitions pour que, faute d'incitation venant de l'extérieur, l'objet préféré disparaisse complètement de son champ de conscience et qu'il ne le redemande parfois jamais. A plusieurs jours ou semaines d'intervalle, il suffit qu'il aperçoive accidentellement le stimulus, pour que le comportement ancien se rétablisse avec force comme s'il n'y avait eu aucune interruption.

Sur le plan génétique pendant longtemps l'enfant reconnaît, sans pouvoir évoquer; en outre, la recognition n'est pas ou est mal insérée dans un moment de l'histoire; la recognition n'est pas reconnue. On peut dès lors penser que c'est pour autant que l'histoire de l'activité est très présente à la conscience que l'évocation est facile ou facilitée. Mais qu'est-ce alors qu'une histoire de l'activité très présente à la conscience? N'est-ce pas le propre d'une activité très structurée, très organisée dans l'espace et dans le temps, dans ses causes et dans ses effets?

Revenons aux tests de recognition qui pourraient être éventuellement appliqués aux sujets fortement détériorés sur le plan mnésique et qui pourraient venir compléter l'observation clinique. On utilisera des épreuves où le patient manifestera qu'il ne reconnaît plus comme reconnue une donnée qu'il vient de percevoir. L'une d'elles consistera à présenter un certain nombre de données visuelles comportant quelques légères difficultés d'identification. Des figures et des formes enchevêtrées et exigeant un effort de ségrégation visuelle feront l'affaire. Le patient est prié de désigner tout ce qu'il perçoit sur la planche portant ces dessins embrouillés. Il commence à explorer puis, la ségrégation des phénomènes de figure sur fond se réalisant, certaines formes apparaissent dans le champ perceptif et sont nommées. Elles disparaissent ou s'estompent dès que le regard change de centration; le balayage visuel se poursuivant, ces mêmes figures, les plus faciles, cela va de soi, vont réapparaître tôt ou tard; le patient, devenu incapable de reconnaître qu'il reconnaît, les saisit comme événement nouveau et les renomme. On fera comprendre, bien entendu, qu'il ne faut pas se répéter. Cette technique, dans des cas de syndrome de Korsakoff ou dans les régressions démentielles peut donner des résultats spectaculaires. En l'espace de quatre minutes, le patient peut redécouvrir, à cinq ou six reprises, les mêmes trois ou quatre figures qu'une capacité réduite de ségrégation était encore capable d'isoler dans l'ensemble des formes emmêlées. Cette technique permet donc d'étudier objectivement une détérioration du processus recognitif. Ce test sera succintement présenté à la fin de cet ouvrage.

§ 5. *Quatrième Groupe* — Ces remarques sur la dégradation mnésique progressive de la recognition nous placent devant notre quatrième groupe de patients. Il subsiste chez eux une recognition pratique, sous forme d'une mobilisation des habitudes réponses par des stimuli inducteurs. Mais dans les formes accentuées plus rien n'est reconnu en tant que rapporté à un passé structuré. Pour reprendre une distinction de Delay on peut dire que les mémoires « neurologiques » sont conservées tandis que la mémoire « psychiatrique » a disparu. Les mémoires neurologiques représentent les automatismes sensorimoteurs, perceptifs ou verbaux reposant sur les circuits nerveux qui se sont constitués au cours de la psychogénèse dans les divers lobes cérébraux : des efférences plus ou moins complexes et bien déterminées sont ainsi devenues les voies de sortie habituelles et adaptées pour les divers complexes afférentiels en provenance de l'extérieur ou du milieu interne. Selon que les divers lobes cérébraux sont plus ou moins détériorés, certaines de ces mémoires neurologiques seront effondrées : ainsi avons-nous des catégories d'aphasiques, d'apraxiques, d'agnosiques. Mais les articulations et circuits afférentiels peuvent être demeurés efficaces pour les automatismes les plus anciens et les plus courants et dès lors, devant les choses, le patient sera grossièrement adapté sur le plan de l'action et de la communication mais pour autant qu'il s'agit de phénomènes de l'ordre du stimulus-réponse. De vieux déments peuvent ainsi se comporter correctement dans des situations de routine. Par contre, la mémoire « psychiatrique » de Delay, non localisable, répondant au fonctionnement et à la dynamique d'ensemble du psychisme et de ses instruments, a disparu : les patients n'évoquent plus, ne reconnaissent plus, n'opèrent plus. Leur vie mentale se ramène à des réajustements plus ou moins étendus de ce positif que représentent les habitudes conservées à ce négatif qui sont les structures matérielles du monde extérieur ou inversement. Le psychisme n'est plus qu'échange, plus ou moins lacunaire, entre ce positif et ce négatif complémentaire ; on ne sait alors plus très bien où se trouve désormais la personnalité du patient, en lui ou extérieurement dans les stimuli qui suscitent encore les réactions de son organisme.

A ce niveau final de la détérioration, c'est la nuit mnésique, avec des lueurs car la parfaite uniformité de profondeur dans la détérioration est rare.

Sur le plan du testage on ne peut plus examiner que les mémoires neurologiques, la persistance des automatismes verbaux, praxiques, gnosiques et certains « réflexes » intellectuels. On les sollicitera par une méthode stimulus-réponse, pour autant qu'une communication reste possible avec le patient.

* * *

Dans les conclusions de cet ouvrage on trouvera un tableau résumant les étapes que nous venons de parcourir et distinguant dans l'évolution continue de l'affaiblissement mnésique, des phases cliniques successives et à l'intérieur de celles-ci des degrés psychométriques. Le test P.R.M. que nous allons présenter recouvre un certain nombre d'étapes et de degrés dans la perspective générale que nous venons de présenter.

PARTIE PSYCHOTECHNIQUE

CHAPITRE I

Présentation du test dit
« Profil de rendements mnésiques » (P.R.M.)[1]

§ 1. *Description générale*. — La lecture de ce chapitre sera moins laborieuse si l'on a sous les yeux les formules du test. Nous recommandons donc de se reporter en cours de lecture à la formule 1 (dite : « le sapin ») (voir page 47).

Le profil de rendements mnésiques est formé par les résultats de 7 sous-tests (éventuellement complétés par 2 suppléments). Ils permettent de suivre, chez le patient, les effets quantitatifs d'une série d'activités, allant de la perception visuo-verbale de 20 données à leur évocation différée, en passant par quelques formes de recognition ou de rappel induits par les données initiales présentées sous forme schématisée. On peut ajouter à cet ensemble 2 autres sous-tests, l'un intéressant une recognition des données sur base auditivo-verbale, l'autre étudiant un processus d'inhibition rétroactive. Ces compléments n'intéressent pas la routine de l'épreuve et ne sont utiles que pour compléter certaines analyses.

Le test a été élaboré en 5 versions parallèles qui, malgré tous nos efforts, ne sont pas rigoureusement identiques. Il semble impossible, lorsqu'il s'agit de mémoire, et surtout d'un profil examinant plusieurs aspects de cette fonction, de constituer deux tests qui, sur un même échantillon de population, donnent des résultats parfaitement superposables. En pratique, cet idéal arithmétique est toutefois secondaire. Les 5 versions font appel aux mêmes activités et seule varie la forme des données à fixer puis à reconnaître et à évoquer. Grâce à ces 5 jeux

---

[1] Voir en fin de l'ouvrage.

parallèles, étalonnés séparément, nous disposons d'instruments de même nature et de même fonction qui permettront de suivre l'évolution des atteintes ou des récupérations mnésiques.

Pour chaque version les données à fixer sont au nombre de 20. Il s'agit de petits dessins au trait représentant des objets, des animaux et des végétaux. Ils sont faciles à identifier et à nommer, une certaine latitude étant admise pour la dénomination.

Ces données, lors de la passation du test, sont appréhendées simultanément par la vision, par la dénomination spontanée du patient, signe verbal que l'expérimentateur répète et corrige s'il y a lieu. Ainsi, la voie d'entrée sur la mémoire a été élargie au maximum et mobilise la vision, l'audition et la parole. L'évocation des données fixées se fera par contre verbalement.

Le lecteur dispose, en annexe de cet ouvrage, des 5 formules de passation. Nous distinguons ces instruments équivalents en les nommant par le premier élément de la série des 20 dessins. Nous avons ainsi le test « sapin », le test « cloche », puis « pommier », « peuplier » et « palmier ». C'est le « sapin » qui a été le plus longuement élaboré; les autres séries en dérivent et ont été construites pour pouvoir répéter les examens à partir de cette première épreuve. C'est sur la série « sapin » que nous nous centrerons avant tout dans l'exposé qui suit.

§ 2. *Examen des sous-tests : sous-test 1.* Examinons la première ligne de la formule du test « sapin ». Sans être prévenu des tâches successives qui l'attendent, mais sachant cependant qu'on s'intéresse à sa mémoire, le patient doit commencer par identifier chacun des éléments de la première ligne qui seule sera découverte devant lui. On lui demande simplement : « Que représente chacun de ces petits dessins »? Les réponses correctes sont marquées d'un signe conventionnel dans la case convenable sous le dessin. On ne corrige la dénomination que s'il y a un écart trop grand entre la vision du patient et la signification du dessin. S'il ne peut identifier ou nommer un élément on finit par lui donner la réponse correcte. Voici les réponses spontanées admises (cette série n'est pas exhaustive) :

    1. sapin, arbre.
    2. panier, casserole, chaudron, bidon.
    3. cerise, prune (fruit : faire spécifier).
    4. chaise, fauteuil.
    5. soleil, étoile.
    6. flèche, indicateur, direction.
    7. échelle, escalier.

8. bateau, barque, voile, navire.
9. fleur, marguerite, pensée, etc.
10. table.
11. roue, gouvernail, horloge.
12. clé.
13. pomme, tomate, courge.
14. maison, cabane, guérite, chalet.
15. escargot, limace.
16. chat, rat, souris (animal : faire spécifier).
17. main, doigts.
18. bougie, chandelle (lumière : faire spécifier).
19. parapluie, parasol.
20. hache (outil : faire spécifier).

On prendra note des réponses anormales, lentes, des difficultés d'élocution, des périphrases, des gestes, des signes nets ou discrets pouvant traduire de l'aphasie amnésique de dénomination.

Ce premier sous-test concerne la mobilisation d'un signe verbal adéquat à partir d'une perception visuelle. Sur le plan pathologique il peut mettre en évidence divers symptômes :

a) des troubles de la vision auxquels il faut toujours penser (acuité, amblyopie, hémianopsie);
b) des difficultés d'élaboration significatives du tracé en rapport avec le niveau intellectuel (oligophrénie, sujets très frustes)
c) des agnosies visuelles;
d) des troubles moteurs du langage;
e) des signes d'aphasie amnésique (difficulté à mobiliser le signe verbal convenant à une signification consciente);
f) une lenteur excessive à parcourir la série, à identifier les dessins, à les nommer, à respecter l'ordre des éléments;
g) la présence de commentaires bizarres, de remarques critiques, agressives, de plaintes.

Selon la gravité de l'un ou l'autre de ces symptômes, on renoncera à l'application du test; la mémoire, en effet, ne peut plus être utilement examinée si les données identifiées ne sont pas en nombre suffisant ou si la communication verbale pose trop de problèmes. Pratiquement il vaut mieux abandonner l'épreuve si le patient est incapable d'identifier spontanément au moins 12 données sur 20. A défaut de l'examen complet prévu, le premier sous-test aura cependant permis d'objectiver de gros troubles de la perception visuelle ou des divers mécanismes du langage.

On prend toujours note du temps global mis pour identifier les 20 dessins et on l'inscrit à la fin de la ligne.

La perception des dessins est compatible avec des troubles souvent sérieux de l'acuité visuelle. Par exemple, de nombreux patients, aux pupilles dilatées en vue d'un examen du fond de l'œil, n'ont pas de peine à distinguer les formes. Le vieillard qui prétend ne rien voir, qui accuse ses lunettes ou la mauvaise qualité du tracé, cherche le plus souvent à camoufler sa régression intellectuelle ou à se soustraire à un effort. Il ne faut pas craindre alors d'insister jusqu'à ce qu'on ait clairement mis en évidence des symptômes d'agnosie ou d'aphasie de dénomination toujours possibles.

§ 3. *Sous-test 2* — Les dessins de la deuxième ligne représentent à nouveau les 20 données mais sous une forme apauvrie et schématisée. Avec ce sous-test nous examinons la capacité à donner une signification à ces éléments dépouillés, le souvenir des formes complètes précédemment perçues subsistant plus ou moins dans la mémoire. La schématisation introduit en outre un facteur nouveau d'un grand intérêt psychologique. Alors que les dessins complets de la première ligne ne comportent guère de latitude quant à la signification qu'ils véhiculent, les schémas, eux, peuvent revêtir indifféremment plusieurs significations et parmi elles, bien sûr, la forme initiale dont ils sont issus. Ainsi, en demandant aux sujets ce que représente chaque schéma, il y a une certaine probabilité pour obtenir une réponse conforme au dessin correspondant de la première ligne mais il y a aussi des probabilités non négligeables pour que d'autres significations, également légitimes, soient proposées. Le sous-test suppose donc que ces sollicitations soient écartées au profit d'un souvenir bien déterminé répondant à l'expérience perceptive réalisée avec la première ligne.

Il est difficile de déterminer toutes les significations légitimes pouvant s'attacher à chaque schéma. Ainsi, le schéma du sapin peut évoquer une flèche, une maison, un parasol à demi fermé, un harpon, l'avant d'un bateau, etc. Nous ne sommes pas parvenu à composer 20 schémas, pouvant évoquer chacun 4 bonnes formes différentes avec des probabilités égales; cela eût permis d'introduire des calculs intéressants, en considérant l'équivalence suggestive des schémas. Faute de cette rigueur, retenons que chaque élément de la deuxième ligne peut faire penser à plusieurs données différentes, sans que nous puissions préciser la valeur coercitive exacte de chacune d'elles.

Ces remarques faites, à quelle activité aurons-nous affaire, lorsque, cachant les dessins de la première ligne, nous demanderons au sujet ce que représentent les schémas de la deuxième? Tout dépendra de la manière dont ces éléments seront considérés. S'agira-t-il pour l'individu de nouveauté ou au contraire de rappels intéressant ce qu'il a déjà vu à la première ligne? Comme c'est le rappel qui évidemment nous intéresse nous créons l'attitude convenable par la consigne suivante : « Ces nouveaux dessins (on vient de cacher la première ligne) représentent les « choses » que vous venez de voir; mais ici on a fait le dessin plus simplement, on l'a schématisé. Tâchez maintenant de retrouver pour chaque schéma le dessin qui lui correspondait là, au-dessus, à la première ligne ». On s'efforce de faire bien saisir cette correspondance terme à terme puis on désigne les schémas un à un en prenant note de la signification que lui donne le sujet.

Le temps à allouer pour chaque identification pose un problème. Les réponses viennent en général rapidement, en moins de deux secondes. Lorsque l'effort se poursuit au-delà, c'est qu'il existe généralement une difficulté. Faut-il alors insister, prolonger le temps et de combien? Nous avons appliqué la règle suivante : tant que le patient donne l'impression de chercher activement nous attendons; lorsqu'il déclare ou lorsqu'il témoigne par gestes ou par mimique qu'il ne se souvient pas de la correspondance, nous passons au schéma suivant, mais jamais avant 5 à 6 secondes au moins. Enfin, lorsqu'il demeure silencieux et passif, à la sixième seconde nous passons. Ce rythme peut paraître rapide mais pratiquement c'est celui qui convient. A augmenter la durée, on ne gagne presque rien comme plusieurs contrôles nous en ont convaincu; on fatigue, on lasse, on irrite même le patient.

Il arrive parfois que des rappels se produisent à retardement, le patient revenant spontanément à un schéma qu'il n'a pu identifier au premier passage. Si la désignation est correcte on porte la réponse à l'actif du rendement mais on prend note de ce comportement qui pose un problème. En effet, que se passe-t-il? Le plus souvent, le sujet, au passage d'un schéma, hésite à identifier et ce n'est que plus tard, après en avoir vu d'autres, que le doute disparaît; ou bien, un souvenir jaillit brusquement en voyant de nouveaux schémas; ou encore, plusieurs souvenirs étant présents, c'est après avoir réagi correctement à plusieurs schémas que, par voie d'exclusion, il identifie les autres en revenant en arrière. Ces divers comportements dénotent le scrupule et la bonne collaboration; ils montrent aussi que les dessins n'ont pas été vus comme autant de pièces isolées, mais bien comme une série.

Revenons aux diverses réponses induites par les schémas; quatre types de réactions peuvent se rencontrer :

a) Le rappel a lieu et le dessin correspondant est nommé.

b) Le rappel ne se fait pas ; le sujet a le sentiment d'avoir oublié la donnée qui correspond au schéma et il se refuse à utiliser ce schéma selon d'autres significations possibles.

c) Le rappel ne se fait pas, mais le sujet perçoit le schéma selon une signification compatible avec sa structure mais ne correspondant pas à celle du dessin de la première ligne.

d) Le rappel ne se fait pas, le sujet est incapable ou peu capable de saisir la figure comme un schéma, soit comme la simplification d'une forme beaucoup plus complète. Il la perçoit de façon directe et réaliste, telle qu'elle est ou en la rapprochant de formes très proches telles que des éléments géométriques, des surfaces, des lettres ou des chiffres plus ou moins achevés. Il se livre donc à une sorte de lecture et non à une interprétation ou à une élaboration. Nous nommerons cette réaction « lecture formelle réaliste ». Elle est très nettement en relation avec le degré du développement intellectuel.

Ces variétés de réponses montrent que le sous-test 2 fait intervenir 4 variables :

1. Une variable mnésique, soit un souvenir des perceptions faites en examinant la première ligne.

2. Une variable de structuration des données présentées à la deuxième ligne : il s'agit de la compréhension même de la fonction suggestive et simplificatrice du schéma en général. Cette activité restructurante peut aboutir à plusieurs significations différentes pour chaque schéma.

3. Un état de conflit entre les diverses significations possibles d'un même schéma. C'est alors le facteur de rappel qui peut déterminer un choix conforme au dessin correspondant de la première ligne ; mais il est possible que le rappel ne se produise pas et que la signification choisie, tout en réalisant la correspondance avec le dessin, alors oublié, réponde à une structuration directe du schéma, selon la propriété qu'il possède de suggérer un tel dessin.

4. Un certain conflit peut également se produire entre la tendance à interpréter le schéma et celle à procéder à sa lecture directe ; le sujet cède alors au moindre effort ou à l'emprise de la forme simple ou prégnante du schéma (exemple de lecture directe pour le schéma 13 : un rond) ; dans le cas où ce rond est perçu comme schéma, il fera penser à quelque objet circulaire, à un fruit, au soleil, à un visage ; si le rappel intervient le conflit entre toutes ces interprétations possibles est levé et c'est la signification « pomme » qui l'emporte.

Dans quelle proportion les schémas de la deuxième ligne peuvent-ils suggérer directement les dessins de la première ligne, sans que ces derniers aient fait préalablement l'objet d'une perception? Quelle est en outre la part du niveau intellectuel dans la capacité à appréhender les schémas selon cette correspondance? Pour nous en rendre compte nous avons soumis à l'expérience plusieurs groupes de sujets différents quant à la culture et à l'entraînement mental.

Un premier groupe réunit 18 sujets marocains, de 18 à 34 ans, analphabètes et de niveau professionnel très bas (groupe M); le second groupe comprend 36 apprentis suisses âgés de 15 et 16 ans et n'ayant suivi qu'un programme primaire élémentaire (groupe A); dans le troisième groupe nous avons 40 bacheliers (groupe B).

Nous avons montré à tous ces individus les schémas de la deuxième ligne uniquement en leur donnant la consigne suivante : « Ces petits dessins représentent sous une forme très simplifiée différentes choses; examinez-les et indiquez ce que chacun d'eux représente probablement ». Dans le tableau suivant figure en pourcent (%), pour chaque schéma, la proportion des réponses où le schéma fut identifié conformément à son correspondant de la première ligne (inconnue des sujets, bien entendu).

Numéro des dessins	Groupe M	Groupe A	Groupe B
1	11 %	2,8 %	27,5 %
2	5,5	2,8	0
3	0	44,8	80
4	100	89,6	85
5	38,5	89,6	82,5
6	11	5,6	22,5
7	11	14	20
8	11	50,4	52,5
9	33	16,8	57,5
10	83	86	85
11	5,5	0	2,5
12	0	0	5
13	0	0	0
14	22	8,4	32,5
15	0	16,8	62,5
16	72	61,6	85
17	94	100	87,5
18	11	22,8	7,5
19	16,5	14	45
20	5,5	16,8	12,5
Pourcentage moyen de correspondances exactes :	26 %	31 %	41 %

Ces résultats montrent que plus les individus sont différenciés intellectuellement, plus les schémas de la deuxième ligne leur suggèrent des données identiques aux formes de la première ligne. Mais les proportions trouvées sont loin d'atteindre celles que nous enregistrons lorsque une perception préalable de la première ligne a eu lieu : en effet, dès l'âge de 8 ans, nous trouvons 70 % pour le moins d'identification des schémas en exacte correspondance avec les dessins complets. Ce chiffre et sa constance au cours de l'évolution chronologique permet d'énoncer la loi suivante : lorsque les données complètes ont été préalablement perçues, elles sont retrouvées à partir de leur schématisation dans des proportions élevées, proportions demeurant constantes de 8 ans à l'âge adulte. C'est l'indication qu'un facteur mnésique intervient fortement et masque en grande partie le facteur de structuration spontanée des schémas, facteur en rapport avec le développement mental.

La mémoire se manifeste donc nettement dans le deuxième sous-test et les résultats quantitatifs, chez l'individu normal, dépendent surtout de cette fonction lorsque l'épreuve est appliquée selon la procédure de routine.

Les chiffres du tableau 1 donnent encore des indications pour le dépistage d'anomalies de comportement. En effet, les divers schémas ne sont pas tous identifiés dans les mêmes proportions, selon leur correspondance avec les dessins de la ligne 1. Alors que certains d'entre eux ne suggèrent jamais cette correspondance, à moins que les éléments de la première ligne n'aient été perçus auparavant, il en est d'autres qui s'organisent spontanément selon elle et cela même chez des individus très frustes. Or, dans la procédure de routine du test, nous demandons déjà aux sujets de se souvenir des dessins déjà vus lorsque nous abordons le deuxième sous-test; dès lors, ceux d'entre eux qui organiseraient d'une façon imprévue les schémas privilégiés, ou qui déclareraient ne pouvoir se souvenir de leur correspondance, manifesteraient un comportement certainement suspect. A supposer que leur mémoire fasse défaut, ne se refuseraient-ils pas alors à faire jouer sans plus une capacité de structuration spontanée? On peut se demander alors pourquoi ils se dérobent et il est permis de conclure à un défaut de collaboration honnête.

Voici les numéros d'ordre des schémas qui, non identifiés conformément aux dessins de la première ligne, autorisent ce soupçon : 4 - 5 - 10 - 16 - 17, soit la chaise, le soleil, la table, le chat, et la main. La méfiance doit s'éveiller si au moins 3 de ces schémas ne sont pas correctement identifiés.

§ 4. *Sous-test 3* — La troisième ligne réunit 20 nouveaux schémas beaucoup plus dépouillés que ceux de la deuxième ligne. Ici, la probabilité pour que le schéma suggère, sans l'intervention de la mémoire, le dessin dont il dérive, est très réduite et, inversement, la tendance à effectuer une lecture réaliste directe augmente. Il y a peu de chances pour que deux points noirs (schéma 3) suggèrent une boucle de cerises, pour qu'une simple ligne horizontale (schéma 10) fasse penser avant tout à une table ou pour que deux lignes verticales parallèles (schéma 14) correspondent sûrement à une maison. Seul un souvenir des dessins de la première ligne peut orienter immédiatement vers de telles interprétations. Les réponses correctes manifesteront donc l'effet certain d'une mémoire sollicitée par la succession et jusqu'à un certain point la forme des schémas, mais qui devra aussi sans cesse s'opposer à une lecture directe et naïve de ces formes devenues très simples. A ce niveau du test, la mémoire est en conflit prononcé avec la perception d'éléments très dépouillés et par-là multivoques et apparaissant comme autant de nouveautés.

Certes, pour la procédure de routine du test nous pourrions présenter le troisième sous-test selon la technique adoptée pour le deuxième, quitte à enregistrer une forte dégradation du souvenir. L'expérience nous a montré que la dispersion des résultats diminuait alors considérablement chez les individus frustes et qu'ils étaient en outre découragés par les difficultés du rappel. Dans ces conditions nous avons jugé qu'il était beaucoup plus fertile d'introduire un renforcement énergique du souvenir et des correspondances dessins-schémas avant d'aborder le sous-test 3.

Voici la procédure et la consigne adoptées :

Les trois premières lignes du test sont découvertes et l'on s'adresse au sujet en ces termes : « Voici, à la première ligne, le dessin du sapin; ici à la deuxième ligne nous avons déjà vu qu'on l'avait simplifié, mais on reconnaît encore sa forme; maintenant ici, à la troisième ligne, la simplification est encore plus poussée et le sapin devient difficile à reconnaître; il faudra se souvenir que c'est toujours le sapin. Regardez bien, ici le sapin complet, là-dessous le sapin simplifié et là-dessous le sapin encore plus simplifié ».

On procède lentement de la même manière pour chaque dessin et schémas correspondants : « Ici le panier, là il est simplifié, et là il ne reste plus que ça du panier; ici les cerises et là finalement les cerises; là la chaise et là encore la chaise », etc.

Quand on a revu de la sorte les 20 dessins, on cache les deux premières lignes et on demande au sujet d'indiquer ce que représente chacun des schémas de la troisième ligne. Les règles concernant le temps alloué pour chaque identification sont les mêmes que pour le sous-test 2.

Analysons maintenant avec plus de détail les phénomènes psychologiques déclenchés par ce troisième sous-test.

Les schémas sont peu « rappelant » comme nous l'avons déjà noté; ils incitent même à imaginer des significations différentes de celles concernant les dessins initiaux et cela beaucoup plus encore que le sous-test 2. Si le sujet a parfaitement saisi la fonction de ces schémas, il se refusera à les percevoir, soit comme des nouveautés suggestives, soit pour eux-mêmes, selon une lecture réaliste directe. Il les utilisera comme autant de repères appelant et exigeant le retour de souvenirs précis. Ces repères agiront alors par leur place, leur nombre, leur succession, leur forme et par une confrontation soutenue des places et des formes. Ils constitueront ainsi un cadre extérieur imposant aux souvenirs un ordre, un nombre et des qualités. On ne peut plus imaginer n'importe quoi, ni dans n'importe quel ordre dès l'instant où l'on suit les schémas un à un.

L'observation et l'introspection provoquées vérifient ces remarques. Elles montrent que les divers facteurs énumérés se prêtent un mutuel appui dans l'activité suscitée par le sous-test 3.

Il y a tout d'abord le facteur de spatialisation topographique, soit un commencement, un milieu et une fin dans la série des données. La vue du premier schéma oblige à penser qu'il existait aussi un premier dessin; à ce moment, si le souvenir exact ne se présente pas, le facteur forme peut agir en ce sens que le schéma ne peut pas suggérer certains dessins dont on se souvient mais qui ne sont pas localisés au commencement de la série et qui, en tout cas, n'auraient pas pu se schématiser de la sorte. Que peut représenter alors le premier schéma? Les éléments qu'il contient représentent nécessairement la persistance de certains détails du dessin initial; quelle bonne forme complète peut-on dès lors reconstituer grâce à eux par des adjonctions, bonne forme se trouvant en outre au début de la série? Si ces interactions mentales ne suffisent pas encore à restaurer le souvenir du sapin le sujet pourra confronter par balayage visuel les diverses formes se succédant le long de la ligne. Il s'agit d'un comportement évolué qui permet de trouver d'autres schémas convenant beaucoup mieux à certains souvenirs que l'on eût pu hésiter à associer au premier.

Des hésitations et des suggestions en provenance de la mémoire sont ainsi levées et, par décantation, on s'approche de plus en plus du souvenir à restaurer.

L'importance respective de ces divers facteurs et la complexité du processus varient selon la place des schémas dans la série et selon leur forme. Il y a des places plus « rappelantes » que d'autres : le début et la fin de la série. Il y a des positions relatives : venant avant ou après tel dessin. Il y a des schémas plus suggestifs que d'autres de la totalité. Dans ces conditions il n'est pas surprenant de voir la mémoire prendre tantôt la forme d'une recognition presque instantanée, tantôt se développer en une activité compliquée exigeant un champ mental étendu. C'est souvent au gré de dispositions individuelles imprévisibles que les schémas se présenteront comme faciles ou difficiles à identifier. Chez tel patient, à mémoire détériorée, on est parfois surpris de constater qu'un schéma peu suggestif en général puisse soudain faire l'objet d'une reconnaissance quasi immédiate. Il est clair cependant, comme c'était déjà le cas pour les schémas du sous-test 2, que statistiquement, il en est de plus faciles à identifier que d'autres.

Mentionnons le premier et le dernier schémas qui bénéficient des positions initiales et finales, le troisième, soit les deux points noirs, où les facteurs position et forme paraissent agir ensemble. Dans les schémas 7, 15, 16 et 17, ce sont des détails typiques qui sont efficaces si le sujet a perçu qu'il s'agissait respectivement des bâtons d'une échelle, de la spirale d'une coquille, des oreilles d'un chat et des doigts de la main. Signalons encore le schéma 5, où il semble que l'aspect flammé des lignes rappelle avec une haute fréquence l'image solaire. Le sujet qui au sous-test 2 n'identifie pas la série des schémas faciles que nous avons repérés et qui, au sous-test 3, répète ce défaut pour ceux que nous venons de mentionner, renforcerait ainsi un soupçon de mauvaise collaboration, si, par ailleurs, ce sujet ne présente pas des signes patents de régression démentielle.

En présence des difficultés particulières du sous-test 3, on ne sera pas surpris d'apprendre que le taux d'identification à cette épreuve est nettement inférieur à celui du sous-test 2, cela à tous les âges et pour tous les groupes culturels. Cet abaissement doit être certainement mis en rapport avec la schématisation plus poussée des données, avec la situation de conflit entre la lecture directe des schémas et leur appréhension en tant que repères suggestifs, enfin, avec l'obligation de développer une activité plus dynamique et plus organisante. Dans ces conditions, les sujets les moins différenciés et surtout les plus détériorés intellectuellement accuseront leur déficit à ce troisième sous-test. Les oligophrènes et les déments présenteront sur le profil des rendements mnésiques une encoche régressive caractéristique au sous-test 3 ; chez les premiers nous verrons toutefois les rendements remonter nettement, paradoxe apparent, lorsque nous leur demanderons, au sixième sous-test, d'évoquer librement et sans plus aucun repère les 20 données initiales. Cette reprise quantitative de rendement dépend en partie d'une libération à l'égard du conflit entre la lecture directe des schémas et leur utilisation comme repères suggestifs, du conflit entre une perception actuelle, qui n'est facilitante que pour des sujets relativement évolués, et un souvenir pouvant se manifester librement, sans avoir à s'astreindre à un ordre et à l'interprétation de données concernant des parties déterminées d'un tout absent.

Dans la partie clinique de cet ouvrage nous examinerons les profils caractéristiques des déments et des oligophrènes et nous reviendrons sur l'intérêt de ce sous-test 3, où les deux groupes accusent un fléchissement marqué sans que le mécanisme responsable cependant en soit complètement identique.

§ 5. *Sous-test 4* — A la ligne 4, les schémas sont pareils à ceux de la ligne 3, mais leur ordre a été, par contre, modifié et ne répond plus à la succession des dessins initiaux. Nous avons cherché par-là à faire disparaître l'effet d'un facteur topographique dans la restauration mnésique. Cette suppression, comme en témoignent les étalonnages, entraîne presque toujours une légère diminution du rendement par rapport au sous-test 3, à tous les âges et pour tous les niveaux d'instruction. Le plus souvent, c'est l'effet de position favorable de commencement de série qui s'atténue ou disparaît : le schéma correspondant au sapin, par exemple, n'est plus identifié correctement lorsqu'il se trouve déplacé, ce qui est l'indication nette que les sujets avaient plus associé la signification exacte à une position qu'à une forme.

La confrontation des étalonnages des sous-test 3 et 4 montre que cet effet topographique est moins accusé chez les sujets bien différenciés intellectuellement que chez les sujets demeurés frustes : il est nul chez les bacheliers et net chez les manœuvres et chez les jeunes enfants. C'est probablement l'indication que les individus entraînés sur le plan mental compensent l'effet négatif du changement de position en développant plus fortement le processus d'analyse et d'interprétation des schémas ainsi que celui de leur confrontation réciproque. Une forte et nouvelle diminution du rendement au sous-test 4 est ainsi une nouvelle indication concernant le niveau intellectuel ou l'abaissement de la capacité à instaurer et à soutenir une activité mentale étendue et organisée.

Voici la consigne du quatrième sous-test :

La quatrième ligne étant seule découverte, on dit au sujet : « Ici nous retrouvons tous les dessins simplifiés de la troisième ligne, mais on a changé complètement leur position ; cela augmente la difficulté. Voyons ce que vous allez retrouver. »

La notation des réponses, le temps alloué pour réagir, la prise du temps total ne posent pas de problèmes nouveaux.

§ 6. *Sous-test 5* — Il consiste en un retour à la ligne 2 sans nouvelle présentation des dessins complets. Qu'attendons-nous de cette manœuvre ?

Lors de l'identification des premiers schémas, immédiatement après la lecture des 20 données initiales, le sujet pouvait être surpris puisque nous ne l'avions pas prévenu qu'il aurait à se souvenir des dessins. Lorsqu'on passe de la sorte au sous-test 2, on enregistre souvent des remarques telles que : « Mais j'ai mal regardé les dessins, si j'avais su, j'aurais été plus lentement, j'aurais fait plus attention... »

A la suite des sous-tests 3 et 4, cet effet de surprise n'existe plus et d'autre part la mémoire a été sérieusement renforcée. Il est dès lors intéressant de revenir au sous-test 2 où la mémoire intervenait déjà à côté d'un facteur de structuration spontanée de schéma relativement facile. A la reprise du sous-test 2 nous pouvons donc nous attendre à une augmentation appréciable du rendement si le sujet collabore bien et si les expériences précédentes ont entraîné un effet durable. C'est bien là ce que la statistique confirme. Tout sujet normal n'ayant pu identifier tous les schémas au sous-test 2 en identifie un nombre nettement supérieur lorsque ce sous-test est repris (en tant que cinquième manœuvre) après la passation des sous-tests 3 et 4. Cette absence d'augmentation de rendement à cette reprise ne se rencontre que dans les 4 cas suivants :

1. Chez les individus simulateurs de troubles psychologiques ; ne connaissant pas le degré de difficulté intrinsèque de chaque sous-test ils pensent que l'insuffisance de mémoire dont ils se plaignent doit entraîner le même faible ou très faible rendement à tous les sous-tests.

2. Chez des individus mauvais collaborateurs par incompréhension de l'effort exigé d'eux; ils trouvent que l'épreuve est longue, qu'on leur impose une tâche pénible, sans signification, digne d'un écolier tout au plus. Dès lors, c'est souvent à la reprise du sous-test 2 que leur mauvaise humeur se manifeste et que le taux du rendement se trouve alors compromis au point de ne pas accuser l'augmentation normale.

3. Chez des individus à centration et à efficience mentale instable (l'instabilité peut relever d'une cause organique ou dépendre d'un état subjectif); une fluctuation négative, un état de moindre efficience ou de moindre disponibilité se produit alors au moment de la reprise du sous-test 2.

4. Enfin, chez des individus nettement détériorés sur le plan intellectuel et particulièrement sur le plan mnésique. Ces déments globaux ou partiels n'ont pu intégrer les effets de l'expérience. Au fur et à mesure qu'on leur fait passer les divers sous-tests ils s'éloignent toujours plus de la perception initiale des dessins complets; en outre, les diverses passations ont impliqué pour eux autant d'événements qui, faute d'une intégration des expériences dans le sens d'une organisation de la continuité même de la conduite, les détournent peu à peu du sens général du test. Quand on revient alors au sous-test 2, non seulement on enregistre l'évanescence des souvenirs, mais souvent même, la non-compréhension claire qu'il s'agit de la reprise d'une expérience passée.

Quand on a la pratique du test et l'habitude des malades, le diagnostic différentiel entre ces quatre cas est relativement facile. Voici la consigne utilisée pour la reprise du sous-test 2, reprise numérotée 5 dans l'ensemble des sous-tests :

Le sous-test 4 étant passé, on redécouvre la seule ligne 2 et l'on dit au sujet : « Maintenant revenons à cette ligne où il est beaucoup plus facile de retrouver la signification des dessins; ils sont de nouveau dans l'ordre dont nous avions l'habitude, l'ordre des dessins complets de la première ligne. »

Il est à noter également que l'on enregistre dans la forte majorité des cas, à ce sous-test 5, un temps global de production abaissé par rapport au même temps au sous-test 2.

§ 7. *Sous-test 6* — Il s'agit de l'évocation libre des 20 dessins.

La feuille de passation est repliée de manière à cacher toutes les lignes. L'expérimentateur dispose alors dans la partie inférieure de la formule d'un schéma spécial où il pourra pointer dans leur ordre les évocations successives du sujet.

On lui donne la consigne suivante :

« Maintenant essayez de retrouver de mémoire tous les petits dessins que nous avons vus, tous les petits dessins complets de la première ligne. Vous pouvez les indiquer dans l'ordre qui vous convient, comme ils reviennent à l'esprit. Tâchez d'en retrouver le plus possible, ne vous pressez pas, nous avons le temps ».

La compréhension de cette consigne ne soulève aucune difficulté; par contre, la notation des réponses est délicate, car il faut éviter de troubler la spontanéité du rythme d'évocation, le sujet débitant souvent dans les premières secondes un flot de souvenirs à une vitesse que l'on a peine à suivre. C'est pour faciliter la prise des notes que nous avons disposé dans un ordre commode les 20 données à retrouver, en les représentant par les premières lettres de leur dénomination verbale. Il suffit alors, au fur et à mesure que le patient s'exprime, de mettre un numéro à côté des initiales concernant la donnée évoquée. Si l'expérimentateur maîtrise ce tableau ramassé d'initiales, il peut suivre les débits les plus rapides sans rien en perdre.

Dès que la mémoire faiblit, on encourage le sujet à poursuivre l'effort de remémoration : « Qu'y avait-il encore ? Essayez de revoir toute la ligne, ne vous découragez pas, certains souvenirs reviennent souvent brusquement au bout de quelques instants... il y avait en tout 20 dessins... vous en avez déjà retrouvé 12... essayez d'en retrouver encore... »

On prolonge toujours l'évocation libre pendant 2 minutes, temps largement suffisant pour épuiser le stock mnésique normalement mobilisable. Si, passé 2 minutes, le patient demandait une prolongation ou si par son attitude il laissait soupçonner que de nouveaux souvenirs peuvent paraître, on lui accorderait encore un délai (de 30 secondes à 1 minute).

Au cours de l'évocation, l'expérimentateur note toutes les 30 secondes le nombre de données évoquées. Cet enregistrement permettra de caractériser le rythme du débit, phénomène qui a un certain intérêt clinique. En effet, en règle générale, c'est dans les 30 premières secondes qu'apparaissent le plus grand nombre de souvenirs et souvent la totalité des données fixées est exprimée dans la première minute. On peut dès lors proposer la loi suivante : chez un sujet normal et bon collaborateur, le comportement spontané consiste à formuler tout ce qu'il sait au cours d'une phase initiale d'évocation, d'où le rythme rapide des premières réactions et le nombre relativement élevé des souvenirs exprimés. Tout se passe comme si, à la consigne d'évoquer librement, le sujet était pressé de se débarrasser d'une charge et d'énoncer très vite ce qu'il possède, de peur de voir disparaître son savoir. Une évocation qui débuterait par une pause, par un effort spectaculaire et inefficace d'évocation se prolongeant 10 à 15 secondes par des hésitations, par des remarques concernant une mauvaise mémoire, serait suspecte, si l'individu est par ailleurs bien orienté dans le temps et l'espace, loquace, capable de bien décrire ses divers troubles, de converser d'une façon adaptée et de conduire correctement ses affaires personnelles. Il n'y a que des sujets déments, confus, qui échappent à cette règle de l'accumulation du souvenir dans la première phase de l'évocation (arbitrairement limitée aux 30 premières secondes) ou, alors, des individus qui jouent plus ou moins consciemment la comédie de l'évocation très laborieuse.

Chez des sujets en voie de démentification, parfois chez des oligophrènes, la consigne d'évocation déclenche une protestation : « Je ne me souviens pas, ça me fatigue, j'ai trop mal vu tous ces dessins (essai de camoufler la régression mentale par le mauvais état de la vision), je suis trop vieux, je n'ai jamais fait un travail pareil, je ne suis plus à l'école, j'ai une trop mauvaise mémoire, maintenant il ne faut pas me demander ça ». Ces divers propos ont toujours un accent de sincérité ou manifestent un état de mauvaise humeur ou d'anxiété qui ne trompent pas. La mise en évidence de nombreux autres signes de régression intellectuelle, la notion d'alcoolisme chronique, l'âge avancé du patient, permettent de séparer facilement ces cas qui exigent patience et encouragement de ceux où l'individu joue l'évocation impossible ou laborieuse.

Il arrive parfois qu'une même donnée soit évoquée à deux reprises. Si le patient se rend compte de cette répétition ou s'il s'exprime interrogativement, on ne tiendra pas compte de l'évocation double. Certains sujets ont même l'habitude de redire à voix plus ou moins haute tout ce qu'ils ont déjà exprimé, comme pour effectuer un contrôle de leur savoir et retrouver plus facilement ce qu'ils auraient oublié. Par contre, si le patient énonce une deuxième fois, même une troisième fois, une donnée déjà évoquée et cela en passant outre, ou encore, et surtout, après une pause et un effort visibles de remémoration, on pointera ce défaut de contrôle qui peut être accusé dans les cas de trouble important de la mémoire. On considérera qu'il y a une surveillance défectueuse du processus d'évocation ou que le sujet est dans l'incapacité de se souvenir de la suite de ses énoncés. On rencontre ces défaillances dans les régressions démentielles, dans le syndrome de Korsakoff; elles coïncident alors avec un taux d'évocation très bas. Lorsque ce dernier est normal, les évocations doubles ou triples signalent un état de désordre intellectuel, du laisser-aller, une complète indifférence pour la qualité de l'effort mental (enfants, certains oligophrènes, sujets desinhibés [1]). Dans la passation du test, l'expérimentateur réagira aux évocations répétées en disant : « Cela, vous l'avez déjà dit, cherchez encore » et il pointera la réaction dans une case spéciale marquée d.6 sur la formule.

Il arrive encore que certains sujets imaginent des données qui ne figuraient pas parmi les 20 dessins. Parfois on comprend le jeu associatif qui a produit ce souvenir « faux » : extension, contiguïté, transformation verbale. Dans d'autres cas on ne voit pas comment l'élément étranger a pu se glisser dans le processus d'évocation (simple « remplissage » chez les oligophrènes, influence d'une donnée extérieure chez les déments?). Ces « faux » souvenirs sont notés dans une case marquée « fx » sur la formule.

Enfin, au cours de l'évocation, le patient peut faire de nombreuses remarques dont il faut prendre note. Les jeunes enfants et les adultes frustes déclarent souvent, après le flux de souvenirs qui caractérise les premières 30 secondes de l'évocation : « C'est tout, je n'en sais plus, je n'en trouve plus, etc... ». Les sujets mieux différenciés au point de vue intellectuel, meilleurs connaisseurs en quelque sorte de leur mécanisme mental savent, au contraire, que c'est après ce premier jet spontané que l'effort de remémoration commence et qu'il convient de le soutenir. On peut encore relever chez certains sujets des plaintes et des remarques autocritiques.

§ 8. *Sous-test 7* — Il intéresse une évocation différée. Quinze à 20 minutes après l'évocation immédiate, on demande au sujet d'indiquer à nouveau les données dont il se souvient. Pendant l'intervalle on l'aura occupé à une nouvelle tâche; nous utilisons alors volontiers une épreuve donnant des indications sur le niveau culturel, test comportant aussi des dessins mais d'une autre nature et disposés très différemment. (*Interprétation de dessins et développement mental*, Delachaux & Niestlé, 1962).

---

[1] Sur la signification des évocations « doubles » et des « fausses » voir encore A. Rey, *L'examen clinique en psychologie*, Presses Universitaires de France, 1964, p. 145 et suiv.

Voici la consigne utilisée pour la passation du septième sous-test : (l'épreuve intermédiaire passée, on reprend la formule des profils mnésiques, on la montre rapidement et à distance au sujet; elle est toujours repliée et les dessins ne peuvent être distingués facilement) « Essayez de retrouver encore une fois tous les petits dessins que nous avions examinés tout à l'heure ». Le temps alloué pour cette évocation différée est toujours de 2 minutes; on relève les « faux », les « doubles », les commentaires, et le tout s'inscrit dans des cases ménagées sur la formule.

§ 9. *Sous-test 8*. — Il porte sur une recognition auditivo-verbale des 20 données mêlées à 20 données étrangères. On lit lentement cette série de 40 mots au sujet qui doit répondre *oui* lorsqu'un mot correspond à l'un des dessins du test et *non* lorsqu'il est sans rapport avec l'épreuve.

Voici la consigne donnée :

« Vous avez pu retrouver un certain nombre de dessins, c'est bien, mais nous allons faire un dernier contrôle. Y avait-il un sapin parmi les dessins que vous avez vus? (la réponse est notée +, — ou ?). Y avait-il un soulier? Une oreille? Un panier?, etc... ».

Voici la liste des 20 données, mêlées, selon un ordre irrégulier, aux 20 données étrangères (les données exactes sont numérotées de 1 à 20 et les données étrangères classées de *a* à *t*).

1. sapin
a. soulier
b. oreille
2. panier
3. cerises
c. crayon
4. chaise
d. avion
5. soleil
6. flèche
e. fusil
f. pain
g. radiateur
7. échelle
8. bateau
h. lézard
i. boîte d'allumettes
9. fleur
j. rhinocéros
10. table

k. entonnoir
11. roue
12. clé
l. volcan
13. pomme
m. charrue
n. singe
14. maison
15. escargot
o. tram
p. girouette
16. chat
17. main
q. pont
18. bougie
r. rabot
19. parapluie
s. poireau
20. hache
t. thermomètre

Parmi les données étrangères il y en a qui par leur banalité pourraient, à la rigueur, induire une fausse recognition tandis que d'autres, quelque peu insolites, détermineront une résistance. Il faudrait se méfier d'un sujet qui prétendrait que les mots *rhinocéros, volcan, girouette* et *thermomètre* concernent des données ayant fait partie des 20 dessins du test.

On prendra en considération le nombre de recognitions exactes et celui des fausses recognitions.

Voici les lois que le sous-test 8 permet de formuler :

a) *Le nombre des recognitions exactes est supérieur dans l'immense majorité des cas à celui des évocations libres au sous-test 6 et au sous-test 7* (évocation immédiate et évocation différée). Souvent les 20 données sont reconnues. La loi se vérifie même chez des individus fortement diminués sur le plan de l'évocation et présentant déjà une régression démentielle nette.

b) *Les fausses recognitions sont très rares.* Un individu non dément chez lequel le nombre de fausses recognitions atteindrait celui des recognitions exactes, ou même s'en approcherait, témoignerait d'un comportement des plus suspects.

Il n'est pas indiqué de soumettre tous les patients au sous-test 8. En effet, chez des individus normaux ou chez des sujets à mémoire d'évocation relativement peu altérée, cette épreuve de recognition auditivo-verbale ne représente qu'un contrôle de sincérité et, à moins que l'expert ne s'exprime très clairement, le résultat généralement excellent enregistré au sous-test 8 pourrait inciter à minimiser une évocation faible ou laborieuse mise en évidence par les sous-tests 6 et 7 beaucoup plus discriminatifs. Par contre, chez des sujets à mémoire fortement diminuée et chez les déments, l'épreuve de recognition auditivo-verbale permet de repérer les cas graves où la fonction est également altérée sous ce dernier aspect.

§ 10. *Sous-test 9.* — Il s'agit d'une manœuvre permettant d'enregistrer les effets de l'inhibition rétroactive. Nous avons signalé l'intérêt technique de ce phénomène au Chapitre I et particulièrement chez cette catégorie de patients, au profil de rendements mnésiques tout à fait normal, mais qui se plaignent cependant de ne pouvoir mémoriser correctement (sujets aux études, astreints à certaines tâches intellectuelles).

Avec ce sous-test nous nous occupons donc de difficultés particulières intéressant un niveau évolué de l'activité mnésique. Il s'agira, en général, de patients bien différenciés intellectuellement et pouvant accepter sans trop de peine la tâche assez longue que nous allons leur imposer.

On procède de la manière suivante :

a) Établissement d'un profil normal avec un premier test; on utilise une première formule, celle du « sapin » par exemple; on fait passer les 8 sous-tests et on constate que le profil ne révèle pas d'anomalies pouvant expliquer les troubles dont se plaint le patient.

b) Établissement d'un second profil avec un deuxième test; on avertit le patient qu'il faut procéder à un contrôle indispensable et on reprend le test avec une deuxième version parallèle (formule de la « cloche », par exemple); on constate à nouveau que le profil des rendements est normal.

c) Retour au sous-test 7 du premier test : on demande alors au sujet de bien vouloir évoquer à nouveau les 20 données concernant le premier test (« sapin »); dans les cas où l'inhibition rétroactive est anormalement forte on constate un véritable blocage du souvenir ou, en tout cas, une très forte diminution du rendement.

On voit que la manœuvre est assez longue et exige une bonne collaboration du patient. On peut la simplifier et se contenter, après la passation du premier test de n'employer, avec le deuxième, que les sous-tests 1, 2 et 6. On gagne ainsi du temps et l'inhibition réalisée par les deuxièmes données fixées sur les premières est mise en évidence en demandant une seconde évocation des 20 dessins du premier test.

§ 11. *Examens successifs et emploi des formules équivalentes.* — Pour suivre l'évolution de l'état mnésique, soit qu'il s'agisse d'une restauration, soit que les troubles s'accusent, on appliquera à la suite de la première version du test « le sapin », l'une ou l'autre des versions parallèles. Nous avons déjà signalé qu'il nous avait été impossible, et qu'il est probablement impossible, de réaliser des versions à résultats rigoureusement superposables. Les étalonnages accusent de légères variations quantitatives entre les versions, variations souvent minimes. Par contre, les profils moyens ont toujours même allure et les rapports entre les différents sous-tests sont entièrement conservés, c'est bien ce qui importe le plus sur le plan clinique. Lorsqu'on aura l'occasion de répéter le test en utilisant une nouvelle version c'est à l'étalonnage de cette version que l'on se référera et l'on relèvera les progrès, ou, au contraire, l'accentuation des troubles en comparant les centiles obtenus à chaque sous-test des deux versions successives.

La présentation d'une nouvelle version de l'épreuve n'exige pas de précautions spéciales. Elle permet cependant de faire des observations qu'il importe de signaler.

On avertit à nouveau le patient qu'on va procéder à un petit examen de sa mémoire; on présente la nouvelle formule et on lui fait nommer les dessins de la première ligne.

Dès que cette lecture est terminée, on demande au sujet si ce test lui rappelle quelque chose, à moins que spontanément il ne se soit déjà exprimé. Plusieurs réactions peuvent se produire : il y a eu d'emblée recognition, ou bien, le sujet déclare qu'il a en effet déjà vu un test semblable et il note certaines différences; ou alors le patient demeure hésitant : la nouvelle formule lui rappelle quelque chose mais il ne peut indiquer ce qu'on va exiger de lui dans la suite. Des souvenirs peuvent paraître mais ils manquent toujours de spontanéité et de précision; en particulier les patients sont incapables de dire si l'on répète le test ancien ou s'il s'agit d'une version nouvelle. Ce comportement se manifeste toujours chez des patients à mémoire fortement détériorée et présentant un état plus ou moins avancé de démence; il peut se manifester le lendemain déjà d'un premier examen. Il y a bien eu chez eux une certaine recognition globale de l'épreuve, processus mnésique peu onéreux comme nous le savons, mais cette recognition ne peut se compléter par une localisation exacte dans le temps et surtout par l'évocation de particularités propres au premier test, d'où la difficulté ou l'impossibilité de le distinguer rétrospectivement de sa version nouvelle.

Enfin il est des cas où le patient affirme qu'il n'a jamais été en présence d'un test similaire. Lorsqu'on leur pose la question, les gros déments la retournent parfois contre l'interlocuteur et demandent qu'on leur dise s'ils ont vraiment déjà vu ces dessins. On se méfiera toujours de l'individu non dément, non confus, non gravement éthylique qui lors d'un second examen déclare que la nouvelle version du test ne lui rappelle rien.

Lors de la passation d'une nouvelle version, il arrive que le sujet, aux sous-tests 6 et 7, évoque une ou deux données appartenant à une version ancienne précédemment utilisée et cela sans prendre conscience de cette origine, parfois même sans se souvenir clairement du premier examen. Le plus souvent, il est vrai, le patient sépare spontanément cet élément concernant un passé plus lointain de ceux appartenant à une expérience plus proche : « Non, cela concernait un autre examen, celui où il y avait le sapin, la maison, la roue ». Ainsi, à se retrouver dans une situation d'évocation identique à une situation passée, et cela avec un matériel similaire, il y a réactivation, souvent inconsciente, d'éléments concernant l'expérience ancienne (activation rétroactive agissant sur la nouveauté en y introduisant des données antérieures; l'inhibition rétroactive procède inversement par blocage des données antérieures lorsque de nouvelles fixations ont été réalisées).

CHAPITRE II

Établissement des profils de rendements et étalonnages sur divers échantillons de population

§ 1. *Établissement du profil de rendements mnésiques.* — Pour établir le profil, il suffit de porter sur des abscisses superposées les rendements quantitatifs à chaque sous-test. Les abscisses comporteront 20 divisions correspondant aux 20 données susceptibles d'être retrouvées. Nous avons adopté, pour l'ordre de superposition des sous-tests, la succession 1, 2, 5, 3, 4, 6, 7 en ajoutant éventuellement 8. Nous rappelons que le cinquième sous-test n'est qu'une reprise du deuxième; il recherche un effet d'augmentation caractéristique aussi avons-nous rapproché les deux sous-tests pour que cet effet soit visible.

En joignant par un trait rouge les points marquant chaque rendement nous obtenons un profil, zigzaguant à travers les abscisses.

§ 2. *Notion de profil moyen.* — On peut établir, pour un âge déterminé, pour un groupe scolaire ou culturel, pour un groupe de malades présentant une même affection, des profils moyens. On les obtiendra en sommant, pour chaque sous-test, les résultats des sujets constituant l'échantillon et en divisant le total par le nombre d'individus. On calculera également la variation moyenne de chacune de ces moyennes pour obtenir un repère inférieur et un repère supérieur des fluctuations. A l'aide de ces chiffres on pourra construire, pour chaque groupe, un profil moyen avec son fuseau de variations moyennes.

§ 3. *Étalonnage en déciles et profils-quartiles*. — Le profil moyen est destiné, avant tout, à montrer comment, dans les divers groupes de populations, les rendements aux sous-tests peuvent se décaler les uns par rapport aux autres. Il a un peu une valeur et une signification de physionomie. Nous avions toutefois besoin de normes quantitatives permettant un classement psychométrique rigoureux des rendements à chaque sous-test. C'est un décilage des résultats qui nous fournira ces repères.

On peut établir ainsi des profils en déciles. Pratiquement ce sont 3 profils fondés sur les valeurs quartiles qui seront les plus utiles; l'un pourra correspondre au quartile inférieur des distributions, un autre à la médiane et le troisième au quartile supérieur. Pour établir le profil des quartiles inférieurs, par exemple, on portera en abscisse, pour chaque sous-test, la valeur quartile inférieure de la distribution statistique propre à ce sous-test et on joindra par une ligne les points superposés.

Les personnes non habituées aux manipulations statistiques retiendront qu'un profil en quartile rapproche artificiellement des normes concernant chaque sous-test, ces derniers étant autant d'épreuves indépendantes ou mieux, étalonnées indépendamment les unes des autres. Par contre, les profils moyens de rendements représentent plutôt l'allure des réactions à l'épreuve considérée beaucoup plus globalement, cela comme si l'on avait superposé tous les profils individuels du groupe, la moyenne coïncidant avec la zone de plus forte densité de superposition et les limites inférieures et supérieures du fuseau des variations moyennes marquant les écarts ou les accidents de profil que l'on peut s'attendre à trouver autour du dessin central.

Ceci dit les profils moyens ont surtout une valeur qualitative, descriptive et souvent sémiologique tandis qu'un profil de quartiles montre de combien un rendement individuel à un sous-test s'écarte ou se rapproche d'une norme statistique déterminée.

§ 4. *Confrontation d'un profil individuel avec les profils moyens ou avec les profils-quartiles*. — Sur l'armature destinée à recevoir un profil individuel on peut faire figurer un profil moyen avec son fuseau de variation ou un profil-quartile. Ainsi, d'un coup d'œil, les résultats de l'individu examiné seront confrontés avec des normes qui permettront de les situer et de les apprécier. En particulier on distinguera rapidement si le profil individuel est anormal ou s'il ne pose aucun problème, s'il est typique de l'une ou l'autre des formes que nous identifierons plus loin.

§ 5. *Notion de limite de tolérance et profil-limite fondé sur les valeurs du quartile inférieur.* — On ne peut s'attendre à trouver chez tous les individus d'excellents profils de rendements mnésiques, ni même le profil moyen de l'échantillon de population auquel il appartient. Les valeurs se distribuent toujours et au-dessous de la tendance centrale d'un groupe d'individus réputés normaux on trouve des résultats relativement inférieurs, intéressants à connaître pour la psychologie des aptitudes et de leurs variations, mais qui n'ont cependant aucun caractère pathologique. Or, en psychologie appliquée à la clinique il importe de ne pas retenir comme symptôme ces variations situées en dessous de la médiane des distributions statistiques, variations qui sont parfaitement normales malgré leur qualité relativement inférieure. Il faut donc convenir d'une limite de tolérance en dessus de laquelle les résultats d'un profil individuel ne poseront aucun problème, mais en dessous de laquelle, par contre, et cela d'autant plus que l'écart sera plus grand, on sera en droit de suspecter un état probablement pathologique.

Comme le test des profils de rendement mnésique est destiné avant tout à la clinique des adultes et des adolescents et que, parmi eux, les sujets n'ayant pas poussé les études et l'entraînement intellectuel au-delà du programme primaire constituent une majorité, c'est une limite de tolérance convenant à cette population que nous avons choisie pour nos examens de routine. Cela n'exclut pas que d'autres limites de tolérance puissent être choisies dans des cas spéciaux et si l'on veut affiner l'étude psychologique.

Nous avons fixé comme limite de tolérance un profil artificiel constitué par les quartiles inférieurs des distributions statistiques de la population primaire de 12-13 ans. Voici les raisons légitimant ce choix.

Les étalonnages ont, en effet, montré que le rendement quantitatif aux différents sous-tests augmente de 8 à 12 ans. Dès 12 ans à l'âge adulte les valeurs se stabilisent dans les populations de niveau culturel primaire. Seuls les groupes d'individus plus entraînés intellectuellement, sélectionnés par l'enseignement secondaire, fournissent des résultats plus élevés. Comme ils représentent une minorité dans la population générale c'est bien la population primaire de 12 à 13 ans qui nous donne le repère le plus général, le niveau auquel doit atteindre l'individu non particulièrement entraîné par une scolarité poussée, et chez lequel ne s'observe pas encore cette régression dans l'effort mental qui suit fréquemment la libération des obligations scolaires, chez lequel non plus les accidents de la santé, les effets des toxiques, la fatigue professionnelle ou le vieillissement précoce, n'ont pu encore intervenir.

Quant au choix du quartile inférieur il repose sur les considérations suivantes : En dessous du centile 25, les résultats tendent à se disperser vers le minimum de la distribution; au-dessus et vers la médiane les valeurs se groupent selon des fréquences de plus en plus élevées, nos distributions étant gaussiennes. Le centile 25 représente donc à peu près le point en dessous duquel les résultats commencent à se raréfier dans le sens d'un mauvais rendement. Comme notre population primaire n'a pas été sélectionnée on peut supposer que le quartile inférieur réunit des cas d'inaptitudes banales certes, mais aussi des cas où la motivation fut mauvaise et où des états pathologiques légers peuvent avoir agi (instabilité, asthénie, blocage de l'évocation, insuffisance de structuration, intelligence limitée, etc.). Il est donc probable que dans le quartile inférieur se trouvent déjà des sujets posant des problèmes. Or, c'est précisément ces cas que nous voulons écarter afin qu'en dessus de notre limite de tolérance nous puissions assurer que, selon toutes probabilités, la population est franche de troubles ou d'anomalies.

Dans la suite nous ferons la clinique des profils pathologiques tantôt à partir de cette limite de tolérance (centile 25 des sujets primaires de 12-13 ans), tantôt à partir des profils moyens fournis par des groupes d'adultes sélectionnés ou par des groupes bien déterminés de malades.

§ 6. *Étalonnages*. — Nous grouperons sous forme de tableau les valeurs tirées du centilage des distributions des résultats aux divers sous-tests; sous forme de graphiques nous donnerons les profils moyens concernant quelques groupes de sujets réputés normaux. Les profils moyens pathologiques figureront dans la partie clinique de l'ouvrage.

En se fondant sur les valeurs quartiles présentées on pourra construire divers profils quartiles et en particulier les profils « limite de tolérance » (centile 25 pour la population primaire de 12-13 ans). Toutes les versions du test ont été étalonnées de façon à pouvoir établir pour chacune d'elles ce profil limite; par contre, nous n'avons pas pu réunir pour chaque version des étalonnages aussi variés que ceux constitués pour l'épreuve initiale (sapin).

Le test des profils de rendement mnésique est une épreuve individuelle, d'application relativement longue; les opérations d'étalonnage ont exigé un temps considérable et nous les avons limitées à l'essentiel; ce travail, d'ailleurs, n'a pu être entrepris que grâce à la collaboration d'assistants et d'étudiants de l'Institut des Sciences de l'Éducation de l'Université de Genève. Ils y ont trouvé une occasion d'exercice, de réflexion et d'observation du comportement, ce qui ne diminue en rien notre dette de reconnaissance.

§ 7. *Quartilage des sous-tests 1 à 7 pour les 5 versions de l'épreuve.*
Étant donné la faible dispersion des valeurs autour de la médiane nous ne grouperons dans nos tableaux que les valeurs extrêmes et les valeurs quartiles. Ces normes seront présentées par version du test et par échantillon de population examinée. Le nombre de sujets est indiqué sous lettre n; il y a toujours approximativement le même nombre de sujets masculins et féminins, aucune différence significative n'ayant été relevée entre les sexes.

1. *Le sapin.*

8 à 8; 11 ans	minimum	25	50	75	maximum	
sous-test 1	19	20	20	20	20	n = 30
» 2	6	12	14	15	18	
» 5	12	18	19	20	20	
» 3	14	15	17	18	20	
» 4	7	14	16	18	20	
» 6	7	10	11	13	16	
» 7	6	10	11	13	18	

9 à 9; 11 ans	minimum	25	50	75	maximum	
sous-test 1	20	20	20	20	20	n = 30
» 2	6	12	14	15	19	
» 5	12	17	19	19	20	
» 3	10	15	17	18	20	
» 4	9	15	17	18	20	
» 6	8	11	12	14	17	
» 7	6	11	12	14	18	

11 à 13 ; 11 ans	minimum	25	50	75	maximum	
sous-test 1	18	20	20	20	20	n = 147
» 2	10	13	14	15	20	
» 5	14	18	19	20	20	
» 3	13	16	18	19	20	
» 4	11	15	17	18	20	
» 6	9	12	14	15	18	
» 7	8	12	14	15	19	

14 à 15 ans (Niveau primaire)	minimum	25	50	75	maximum	
sous-test 1	19	20	20	20	20	n = 64
» 2	10	13	14	16	18	
» 5	15	17	19	20	20	
» 3	9	16	17	18	20	
» 4	8	14	16	18	20	
» 6	10	13	14	15	18	
» 7	10	11	14	15	19	

Adultes Étudiants	minimum	25	50	75	maximum	
sous-test 1	20	20	20	20	20	n = 30
» 2	9	13	14	15	19	
» 5	16	18	19	20	20	
» 3	12	16	17	18	20	
» 4	13	15	16	17	19	
» 6	12	14	15	17	20	
» 7	12	14	16	17	19	

ÉTABLISSEMENT DES PROFILS ET ÉTALONNAGES

Adultes niveau primaire (manœuvres, ouvriers) 20 à 50 ans.	minimum	25	50	75	maximum	
sous-test 1	18	20	20	20	20	n = 113
» 2	9	13	14	15	19	âge médian :
» 5	13	16	18	19	20	35 ans
» 3	11	14	16	18	20	
» 4	6	12	14	16	19	
» 6	9	13	14	16	18	
» 7	10	13	14	16	19	

Adultes niveau primaire (manœuvres, ouvriers) 51 à 65 ans	minimum	25	50	75	maximum	
sous-test 1	18	20	20	20	20	n = 40
» 2	10	12	14	16	19	âge médian :
» 5	12	16	18	19	20	55 ans
» 3	10	14	15	17	20	
» 4	8	12	14	16	19	
» 6	10	12	14	15	18	
» 7	10	13	15	16	19	

Adultes (employés commerce, administration) 20 à 46 ans	minimum	25	50	75	maximum	
sous-test 1	19	20	20	20	20	n = 35
» 2	10	14	15	16	19	âge médian :
» 5	16	18	19	20	20	35 ans
» 3	13	16	18	19	20	
» 4	11	15	16	18	20	
» 6	12	15	16	17	20	
» 7	13	15	16	18	19	

2. *La cloche.*

11 à 12; 11 ans	minimum	25	50	75	maximum	
sous-test 1	18	20	20	20	20	n = 54
» 2	13	15	16	18	20	
» 5	17	18	19	20	20	
» 3	11	16	18	19	20	
» 4	11	15	17	18	20	
» 6	10	11	13	14	20	
» 7	8	10	12	14	19	

12 à 14; 11 ans	minimum	25	50	75	maximum	
sous-test 1	19	20	20	20	20	n = 100
» 2	13	15	16	18	20	
» 5	17	18	19	19	20	
» 3	11	16	18	18	20	
» 4	11	15	17	17	20	
» 6	10	11	13	14	20	
» 7	10	11	13	15	19	

Étudiants	minimum	25	50	75	maximum	
sous-test 1	20	20	20	20	20	n = 35
» 2	13	15	16	18	20	
» 5	16	18	20	20	20	
» 3	9	16	18	19	20	
» 4	9	15	18	19	20	
» 6	10	13	14	16	18	
» 7	10	12	14	16	18	

3. *Le pommier.*

11 à 13; 11 ans	minimum	25	50	75	maximum	
sous-test 1	20	20	20	20	20	n = 40
» 2	10	12	14	15	19	
» 5	10	18	19	20	20	
» 3	13	17	18	19	20	
» 4	13	16	17	19	20	
» 6	10	12	13	15	17	
» 7	9	12	13	15	18	

Étudiants	minimum	25	50	75	maximum	
sous-test 1	20	20	20	20	20	n = 30
» 2	9	14	15	17	20	
» 5	14	20	20	20	20	
» 3	11	18	19	20	20	
» 4	13	17	19	19	20	
» 6	10	13	15	16	17	
» 7	10	13	16	17	18	

4. *Le peuplier.*

7 à 7; 11 ans	minimum	25	50	75	maximum	
sous-test 1	13	18	19	20	20	n = 20
» 2	10	14	16	17	20	
» 5	13	17	19	20	20	
» 3	11	16	17	19	20	
» 4	12	14	16	18	20	
» 6	1	8	10	13	19	
» 7	6	8	11	13	19	

8 à 8; 11 ans	minimum	25	50	75	maximum	
sous-test 1	17	18	19	20	20	n = 20
» 2	11	14	18	19	20	
» 5	13	18	20	20	20	
» 3	15	16	18	19	20	
» 4	10	14	17	19	20	
» 6	7	10	13	14	17	
» 7	8	11	12	14	16	

9 à 9; 11 ans	minimum	25	50	75	maximum	
sous-test 1	16	18	19	20	20	n = 20
» 2	12	16	18	19	20	
» 5	17	19	20	20	20	
» 3	14	17	19	20	20	
» 4	13	15	17	19	20	
» 6	8	10	11	13	15	
» 7	8	10	11	14	19	

10 à 10; 11 ans	minimum	25	50	75	maximum	
sous-test 1	18	19	20	20	20	n = 20
» 2	14	16	18	19	20	
» 5	17	19	20	20	20	
» 3	15	18	19	20	20	
» 4	14	17	18	19	20	
» 6	9	11	13	14	18	
» 7	7	10	11	13	19	

11 à 13; 11 ans	minimum	25	50	75	maximum	
sous-test 1	20	20	20	20	20	n = 20
» 2	15	18	19	19	20	
» 5	17	19	19	20	20	
» 3	12	17	18	19	20	
» 4	10	16	17	19	20	
» 6	9	12	13	15	18	
» 7	7	12	14	15	19	

Étudiants	minimum	25	50	75	maximum	
sous-test 1	20	20	20	20	20	n = 30
» 2	16	18	18	18	20	
» 5	19	20	20	20	20	
» 3	17	19	19	20	20	
» 4	15	18	19	20	20	
» 6	13	14	16	17	19	
» 7	8	14	16	17	19	

5. *Le palmier.*

7 à 7; 11 ans	minimum	25	50	75	maximum	
sous-test 1	18	19	20	20	20	n = 20
» 2	11	11	16	17	18	
» 5	17	18	19	20	20	
» 3	14	18	18	19	20	
» 4	12	15	17	18	20	
» 6	3	10	11	12	14	
» 7	6	9	11	12	14	

8 à 8; 11 ans	minimum	25	50	75	maximum	
sous-test 1	18	19	20	20	20	n = 20
» 2	12	15	16	18	19	
» 5	17	19	19	20	20	
» 3	14	16	18	19	20	
» 4	12	15	17	19	20	
» 6	7	10	12	13	16	
» 7	4	9	11	13	16	

9 à 9; 11 ans	minimum	25	50	75	maximum	
sous-test 1	18	19	20	20	20	n = 20
» 2	14	16	18	18	19	
» 5	17	19	20	20	20	
» 3	15	18	19	20	20	
» 4	14	17	17	18	19	
» 6	8	11	13	14	16	
» 7	8	9	12	13	16	

10 à 10; 11 ans	minimum	25	50	75	maximum	
sous-test 1	18	19	20	20	20	n = 20
» 2	12	14	17	19	20	
» 5	16	19	20	20	20	
» 3	14	17	19	20	20	
» 4	12	16	17	19	20	
» 6	5	11	12	14	17	
» 7	8	9	11	14	17	

11 à 13; 11 ans	minimum	25	50	75	maximum	
sous-test 1	20	20	20	20	20	n = 40
» 2	14	17	18	19	20	
» 5	18	19	19	20	20	
» 3	15	17	18	19	20	
» 4	14	16	17	18	20	
» 6	10	12	13	14	17	
» 7	9	11	13	14	18	

Étudiants	minimum	25	50	75	maximum	
sous-test 1	18	20	20	20	20	n = 30
» 2	17	18	18	19	20	
» 5	20	20	20	20	20	
» 3	17	19	19	20	20	
» 4	14	17	18	20	20	
» 6	11	14	16	18	18	
» 7	12	14	16	17	19	

§ 8. *Remarques sur les étalonnages en quartiles.* — Les chiffres présentés n'accusent que des différences relativement faibles d'âge en âge pour une même version de l'épreuve (évolution chronologique) et des différences très petites ou nulles pour un même âge entre deux versions différentes (équivalence des versions).

Les différences évolutives sont-elles significatives? On a calculé des *t* de Student d'âge en âge pour les différents sous-tests et les différentes versions. Les résultats peuvent se résumer de la façon suivante :

Les différences d'âge en âge de 8 à 13 ans ne sont pas significatives à 1 et à 5 %, sauf pour les sous-tests concernant l'évocation où elles sont significatives, en général à 5 %, mais seulement entre 9 et 10; 11 ans. Il y a donc toute une phase de l'évolution où le rendement évolue relativement peu avec la croissance et le développement.

Le test saisit donc bien une propriété assez stable consistant à percevoir correctement des données visuelles et à les retrouver à partir de schémas reproduisant certains aspects de leurs formes. Dans ce domaine l'ordre de difficulté du test est tel que les disponibilités mentales présentes à 7 ans déjà suffisent largement à assurer des rendements qui évoluent peu dans la suite jusqu'à 13 ans.

Il n'en est plus de même lorsqu'il s'agit d'évoquer les données perçues et que rien ne vient plus soutenir de l'extérieur la restauration du souvenir. De 7 à 9 ans le taux d'évocation évolue très peu en moyenne, la différence devient par contre significative entre les sujets de 9 à 9; 11 ans d'une part et de 10 à 10; 11 ans d'autre part. L'individu dispose donc, aux environs de 11 ans, d'une capacité d'évocation soudain accrue, capacité demeurant relativement stable jusqu'à l'âge adulte à moins qu'un entraînement particulier ou une sélection des individus n'intervienne.

Avec ce test, il semble donc bien que nous saisissions une propriété fonctionnelle ou un ensemble de propriétés qui sont à la fois cause et effet du développement. Pour qu'il y ait développement intellectuel il faut bien qu'au départ, ou du moins relativement tôt, existe un ensemble d'activités susceptibles d'engendrer le développement lui-même, ce dernier se ramenant avant tout à des acquisitions successives formelles et opérationnelles.

Ces acquisitions, certes, fortifient et facilitent en retour le pouvoir fixateur-intégrateur initial qui assurera des acquisitions toujours plus complexes. Mais si l'on a soin de confronter ce pouvoir fixateur-intégrateur avec une tâche relativement simple et toujours la même d'âge en âge, tâche se prêtant peu à des exploits ou des finesses, il est clair que le pouvoir se révélera assez stable tout le long de l'évolution chez un individu donné.

Considérons maintenant les buts avant tout cliniques que nous allons poursuivre. Il s'agit de savoir si l'individu examiné est perturbé ou diminué dans sa santé psycho-fonctionnelle; en particulier, a-t-il constitué et jouit-il encore et jusqu'à quel point des propriétés mentales qui assurent la formation, l'accroissement et la disponibilité des acquisitions, ensemble de propriétés groupées sous le terme générique commode de mémoire (capacité à apprendre, à fixer la nouveauté, à la conserver, à l'évoquer, etc.).

L'instrument que nous avons constitué nous paraît avoir les qualités requises, grâce à ses propriétés statistiques et génétiques pour procéder à une telle étude.

Pour aborder utilement les problèmes cliniques on extraira des étalonnages que nous avons présentés les normes suivantes :

1. Des valeurs intéressant les populations enfantines de 8 à 11 ans. Bien que le test ait été élaboré avant tout en vue des problèmes concernant les adultes on peut appliquer l'épreuve aux jeunes enfants dans les examens psychologiques de routine.

2. Des valeurs concernant la population primaire de 12 à 13 ans. C'est sur ces normes que nous avons fondé la limite de tolérance dont le choix a été légitimé plus haut.

3. Des valeurs concernant la population primaire de 14 à 60 ans.

4. Des valeurs concernant des populations de niveau culturel secondaire. On peut réunir sans inconvénient des adolescents dès 15 ans, des bacheliers, des étudiants, et des adultes jusqu'à 50 ans ayant maintenu un certain entraînement intellectuel (administration, bureau, commerce).

Avec ces valeurs on pourra construire divers profils-quartiles et disposer ainsi des repères utiles pour l'étude des profils individuels.

La différence significative trouvée entre les rendements des enfants de 9 ans et ceux de 10 ans aux sous-tests concernant l'évocation pose un problème intéressant. Pourquoi, à cet âge, cette soudaine augmentation du pouvoir d'évocation (la médiane passe de 12 données à 14, valeur demeurant dans la suite stable dans la population primaire jusqu'aux environs de 60 ans)? Nous reviendrons sur ce problème plus tard en essayant d'analyser le mécanisme de l'évocation.

Nos premiers barèmes concernent l'âge de 7 ans, niveau à partir duquel, relativement aux données du test et à sa technique d'application, la capacité d'intégration mnésique semble stabilisée, les rendements, d'année en année, augmentent relativement peu dans la suite. Comment se comportent, par contre, les petits de 4 à 5 ans? Avec eux le test perd en grande partie sa valeur analytique pour un examen de la mémoire. Il paraît intéresser, sous forme globale, tout le développement mental (perception, notion de schéma, restructuration perceptive, centration soutenue, langage, etc.). Toutefois le comportement des petits a révélé des faits très intéressants pour la compréhension de certains comportements pathologiques observés chez des malades; nous y ferons allusion dans la partie clinique de l'ouvrage.

§ 9. *Les profils moyens de rendement.* — Nous savons comment on les établit. Dans les tableaux qui suivent on trouvera des valeurs qui permettent de construire les profils moyens pour divers échantillons de populations et pour 3 versions du test (sapin, peuplier, palmier).

Age	7 à 7; 11	8 à 8; 11	9 à 9; 11	10 à 10; 11	11 à 13; 11	Étudiants (Bacheliers)
n =	20	20	20	20	40	30
Le Peuplier.						
Sous-test						
1	18,6 ± 1,2	18,7 ± 0,9	18,8 ± 0,9	19,5 ± 0,5	20 ± 0	20 ± 0
2	15,9 ± 2,0	16,5 ± 2,3	17,3 ± 1,7	17,7 ± 1,5	17,9 ± 0,6	18,2 ± 0,7
5	18,4 ± 1,4	19,0 ± 1,0	19,3 ± 0,8	19,2 ± 0,7	19,0 ± 0,6	19,9 ± 0,0
3	16,9 ± 1,6	17,9 ± 1,3	18,3 ± 1,3	18,6 ± 1,1	17,1 ± 1,9	19,3 ± 0,6
4	16,1 ± 2,0	16,6 ± 2,4	17,4 ± 1,8	18,1 ± 1,3	17,3 ± 1,9	18,8 ± 1,1
6	10,6 ± 2,7	12,5 ± 2,1	11,5 ± 1,5	12,9 ± 1,9	13,5 ± 1,3	15,4 ± 1,8
7	11,1 ± 2,7	12,2 ± 1,5	12,2 ± 2,2	11,7 ± 1,9	13,7 ± 1,9	15,3 ± 1,4
Le Palmier.						
Sous-test						
1	18,5 ± 1,2	18,5 ± 1,0	19,0 ± 0,6	19,5 ± 0,5	20 ± 0	20 ± 0
2	15,6 ± 1,7	16,2 ± 1,6	17,3 ± 1,2	16,8 ± 1,3	18 ± 1,1	18,2 ± 0,9
5	19,0 ± 0,7	19,0 ± 0,7	19,6 ± 0,6	19,3 ± 0,8	19,7 ± 0,4	19,9 ± 0,0
3	18,0 ± 1,4	17,8 ± 0,7	18,7 ± 0,9	15,3 ± 1,4	18,3 ± 1,0	19,2 ± 0,7
4	16,7 ± 1,5	17,2 ± 1,4	17,2 ± 0,8	17,3 ± 1,8	17,5 ± 1,3	18,1 ± 1,3
6	10,8 ± 1,4	11,8 ± 1,6	12,5 ± 1,9	12,5 ± 2,1	13,6 ± 1,4	15,1 ± 1,6
7	10,4 ± 1,6	10,9 ± 2,8	11,4 ± 2,0	11,6 ± 2,4	13,2 ± 1,7	15,7 ± 1,7

A partir de ces chiffres on pourra construire des profils moyens encadrés par leurs fuseaux de variation moyenne. Ces repères indiqueront la forme générale sous laquelle se présentent, en moyenne, les rendements à la succession des 7 sous-tests. Un profil individuel

Le Sapin

Age	8 à 8;11	9 à 9;11	10 à 10;11	11 à 11;11	12 à 12;11	13 à 13;11	Étudiants (Bacheliers)	Adultes, 20-50 Primaire	Adultes, 51-65 Primaire	Adultes, 20-55 Employés de bureau
n =	20	20	20	80	80	80	50	130	50	50
Sous-test										
1	18,5±0,9	20 ± 0	20 ± 0	20 ± 0	20 ± 0	20 ± 0	20 ± 0	20 ± 0	20 ± 0	20 ± 0
2	15,1±2,4	13,3±2,2	14,2±1,7	14,6±1,2	14,4±2,1	14,3±1,3	13,9±1,5	14,1±1,5	14,1±2,0	14,7±1,1
5	15,2±2,4	15,6±2,5	18,4±1,4	18,4±1,0	18,8±1,7	18,5±1,1	18,8±2,0	17,9±1,5	17,5±2,0	18,5±1,2
3	16,5±1,7	16,1±1,9	17,0±1,7	17,2±1,4	17,7±2,4	17,1±1,7	16,9±2,0	16,7±2,0	15,8±2,0	17,5±1,7
4	15,6±2,1	16,0±2,9	16,1±2,2	16,2±1,9	16,8±2,7	15,9±2,1	16,3±1,5	14,4±2,3	14,1±2,0	16,4±1,8
6	11,0±1,5	12,3±1,9	12,6±1,4	13,1±1,7	14,1±2,4	14,0±1,6	15,6±1,5	14,2±1,5	14,0±1,7	15,7±8,1
7	11,1±2,1	12,6±1,7	12,9±1,6	13,5±1,8	13,9±2,7	13,9±1,4	15,9±1,6	14,6±1,6	15,0±1,6	16,0±1,4

peut épouser cette forme ou s'en écarter, cela à divers niveaux quantitatifs, niveaux élevés chez des individus doués, bas chez des sujets disposant d'un faible pouvoir d'acquisition. En portant enfin sur le même graphique le profil limite de tolérance on situera la frontière quantitative en dessous de laquelle les résultats commencent à poser des problèmes d'ordre pathologique.

§ 10. *Normes et remarques concernant le sous-test final de recognition.* — Les résultats au sous-test final de recognition (Chapitre II, § 9) ne présentent qu'une très faible dispersion chez les individus normaux. Les 20 données mêlées à 20 données étrangères sont presque toutes identifiées. Quant aux fausses recognitions, elles n'apparaissent qu'incidemment, deux erreurs, par exemple, étant exceptionnelles.

Dans ces conditions il est inutile de donner des barèmes où se répéteraient les mêmes chiffres. Nous les remplacerons par une vue d'ensemble des phénomènes recognitifs tels qu'ils ressortent sur un groupe d'individus hospitalisés réunissant des patients aux fonctions mentales indemnes et des patients mnésiquement détériorés et nous ajouterons quelques règles pratiques pour apprécier les résultats de ce huitième sous-test.

Dans le tableau suivant on trouvera les résultats obtenus sur un groupe de 70 patients hospitalisés dans un service de neurologie. Les uns souffraient d'atteintes cérébrales, les autres, en majorité, en étaient indemnes. Les résultats concernant la recognition des 20 données sont distribués dans un tableau à double entrée réunissant le nombre de données évoquées au sous-test 7 et celui des éléments reconnus au sous-test 8.

Sur les 70 sujets, dont plusieurs étaient de gros malades, 41,4 % de l'effectif reconnaît les 20 données, 15,7 % en retrouve 19 et 20 %, 18. Ainsi, dans le 77,1 % des cas, le taux de recognition ne tombe pas en dessous de 18 données.

On relèvera que le taux de recognition l'emporte toujours sur celui d'évocation et cela d'autant plus, en général, que l'évocation est plus faible. Nous avons, par exemple, des malades qui ne pouvaient évoquer que 7, 5, 3 ou même aucune donnée et qui reconnaissaient parfaitement de 20 à 18 données.

La recognition, certes, peut être affaiblie mais elle reste bien supérieure, sauf exception gravement pathologique, au nombre de données que la mémoire peut restaurer spontanément (par exemple,

Données exactes reconnues.

	20	19	18	17	16	15	14	13	12	11	10	9	8	7	6	5	4	3	2	1	0
20																					
19	2																				
18																					
17	2	2																			
16	3	2	1																		
15	4		2																		
14	4	1																			
13	5	4																			
12	2		2																		
11	3																				
10	1	1	1		1	2															
9		2	2																		
8		1	2		1	1															
7	1					1															
6		1	1																		
5	1		1	2	1																
4											1										
3	1		1							1											
2									1												
1																					
0			1							1											

Données exactes évoquées.

minimum de 8 à la recognition, contre 3, 2 et 0 à l'évocation). On peut ainsi *poser une loi de redressement du profil au sous-test final de recognition.*

Remarquons maintenant que, quel que soit le taux de recognition, la présence d'un nombre élevé de fausses recognitions enlève toute valeur aux réponses, le patient ne faisant que réagir positivement à toutes les données présentées.

Dans le tableau suivant nous avons fait figurer le nombre de fausses recognitions enregistrées pour chaque taux de recognitions exactes. Nous constatons que 84,3 % des patients ne présentent aucune fausse recognition; nous en trouvons une dans les 7,1 % de l'effectif;

des nombres plus élevés s'observent dans les 8,6 % des sujets restants. La présence de plus d'une fausse recognition est donc un phénomène rare et indépendant, à première vue, du taux de recognition lui-même.

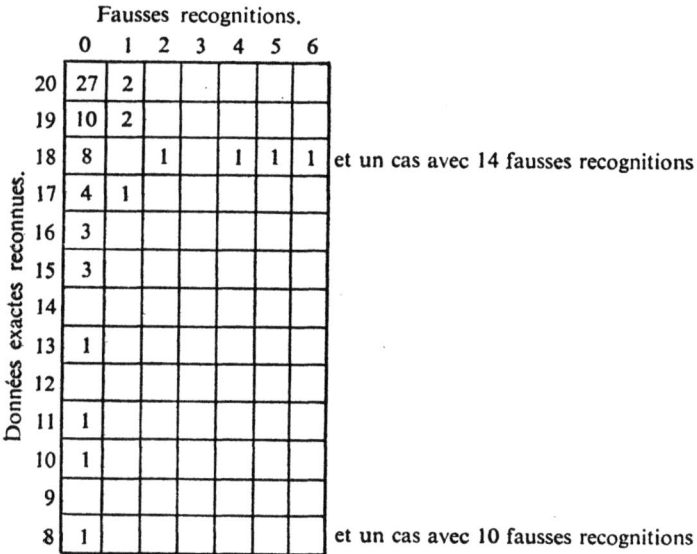

Les rares patients qui présentent beaucoup de fausses recognitions se rencontrent-ils parmi les cas où le taux d'évocation est faible?

Dans un dernier tableau nous avons distribué les fausses recognitions en fonction du nombre de données exactes évoquées au sous-test 7. En l'examinant nous constatons que les fausses recognitions sont toujours le fait de patients présentant un taux d'évocation différée bas ou très bas, leur taux de recognitions exactes pouvant être par ailleurs élevé ou bas.

Sur la base de ces divers tableaux, et en y ajoutant les résultats de l'observation clinique, nous pouvons présenter les règles suivantes concernant les rapports évocation, recognitions exactes et fausses recognitions.

1. *Sauf exceptions rares, le taux de recognition est toujours plus élevé que celui d'évocation.*

2. *Lorsque les taux d'évocation et de recognition sont élevés on peut trouver exceptionnellement un nombre relativement élevé de fausses*

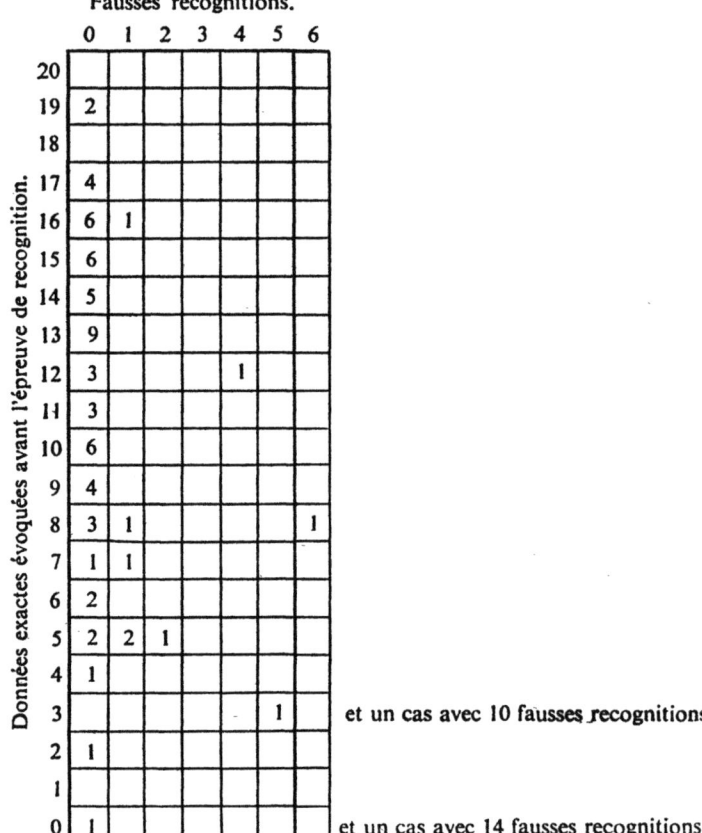

recognitions. Cette anomalie révèle moins un trouble de la mémoire qu'une attitude hésitante qui accueille certaines données étrangères comme probables et ayant éventuellement pu faire partie de l'ensemble présenté à la fixation (suggestibilité, mauvaise organisation temporelle des souvenirs).

3. *C'est surtout dans les cas où le taux d'évocation est bas que l'on rencontre les fausses recognitions en nombre relativement élevé quelle que soit par ailleurs la valeur absolue du taux des recognitions exactes.* Il semble qu'il y ait une certaine relation, non nécessaire cependant, entre le fait d'avoir de la peine à évoquer et celui de céder aux fausses reconnaissances.

Ce fait suggère les remarques suivantes :

Dans un premier cas, les données ayant été fixées ne peuvent être ramenées jusqu'au seuil d'évocation. Elles sont ou dispersées, ou bloquées, ou masquées ou trop affaiblies, ou peut-être encore temporellement désaffectées (tombées en dehors de l'événement correspondant à leur fixation). Elles conservent cependant un certain taux de présence passée récente puisqu'elles seront toutes identifiées dans l'épreuve de recognition qui consiste, rappelons le, à faire défiler devant le patient 20 données à taux de présence passée récente et 20 autres à taux de présence passée lointaine (données étrangères). Notons que chez la majorité des individus l'évocation n'atteint jamais les 100 % des données, qu'elle est donc toujours affaiblie et qu'à la recognition le total des souvenirs est le plus souvent entièrement restauré.

Dans un second cas, aucune fixation n'a eu lieu pour un nombre important de données; elles ont été perçues sans faire l'objet d'une intégration les fixant comme moment de l'expérience vécue. Dans ces conditions on comprend que rien ne permettra, lors de l'épreuve de recognition, de les identifier comme autant de données appartenant à un passé plus récent que celui des données étrangères; les 20 données du test et les 20 données étrangères se trouvent en quelque sorte sur pied d'égalité : ce sont des significations verbales appartenant toutes au passé sans rien qui distingue la chronologie de ces passés. Il y a dès lors autant de raisons de tout reconnaître que de tout écarter. Pratiquement les fausses recognitions se mêleront à des recognitions exactes mais qui demeurent plus ou moins douteuses en vertu du processus que nous venons de décrire. Il est exceptionnel que toutes les données étrangères et toutes celles appartenant au test se trouvent réellement sur pied d'égalité; parmi ces dernières quelques-unes seront affectées d'un certain degré de récence que d'autres n'auront pu acquérir; parmi les premières, les étrangères, il en est chez lesquelles ce degré de récence se constituera « ex abrupto » selon un processus que nous aurons l'occasion de décrire plus tard.

Finalement nous aurons affaire à un mélange de recognitions correctes et de fausses recognitions (18 correctes contre 14 fausses comme dans un des cas figurant dans les tableaux), les objets ou êtres rares, bizarres, peu probables, étant seuls écartés, cela du fait de leurs caractères exceptionnels (rhinocéros, volcan, par exemple), plus que par l'impression de non-réminiscence.

En conclusion, de nombreuses fausses recognitions jointes à un fort affaiblissement du pouvoir d'évocation constituent un signe de grave altération du pouvoir intégrateur mnésique.

§ 11. *Données numériques concernant le phénomène d'inhibition étroactive.* — Nous connaissons les manœuvres mettant en évidence ce phénomène. Voici un étalonnage concernant l'une d'elles, la plus expéditive (Chapitre II, § 10). Il porte sur un groupe de 20 étudiants.

Le premier test employé fut le « sapin » avec les sous-tests 1, 2, 6 et 7. On enregistre le centilage suivant :

« Le Sapin »

Centiles :	0	5	10	20	25	30	40	50	60	70	75	80	90	95	100
Sous-test 1	20				20			20			20				20
» 2	11	12	12	13	14	14	15	16	16	17	17	17	18	18	19
» 6	8	9	10	10	10	11	13	13	13	14	14	15	16	17	17
» 7	8	9	10	10	11	11	12	13	14	14	14	14	16	17	19

On passa à une seconde version du test, « le pommier », avec les sous-tests 1, 2 et 6. Voici le centilage obtenu :

« Le Pommier »

Centiles :	0	5	10	20	25	30	40	50	60	70	75	80	90	95	100
Sous-test 1	20				20			20			20				20
» 2	11	12	14	14	15	15	16	16	16	17	17	17	19	19	20
» 6	8	9	10	10	10	11	12	13	13	13	14	15	16	17	17

On demanda alors une nouvelle évocation pour la version « le sapin ».

Voici le centilage de la distribution de cette évocation, inhibée rétroactivement par la série « le pommier » :

Retour « le Sapin »

Centiles :	0	5	10	20	25	30	40	50	60	70	75	80	90	95	100
	6	7	8	10	10	10	11	11	12	13	14	14	15	16	16

Si l'on compare maintenant les chiffres du centilage au sous-test 7 « le sapin » avec ceux concernant la répétition de cette évocation après fixation et évocation de la version « le pommier » on constate un abaissement faible mais net de toutes les valeurs.

A côté d'une diminution dans le taux d'évocation, l'inhibition rétroactive affecte encore le rythme de l'évocation (voir § 12) et le nombre des erreurs d'évocation.

Voici tout d'abord le nombre moyen de données évoquées toutes les 30 secondes pendant 2 minutes, au sous-test 7 (« le sapin »), puis lors de la nouvelle évocation après l'inhibition produite par la version « le pommier » :

	30 sec.	60 sec.	90 sec.	120 sec.
Sous-test 7 :	$8,7 \pm 2,1$	$3,0 \pm 1,5$	$0,8 \pm 0,6$	$0,4 \pm 0,8$
Nouvelle évocation :	$7,3 \pm 2,2$	$2,9 \pm 1,5$	$0,7 \pm 0,7$	$0,8 \pm 0,8$

On voit que c'est dans les 30 premières secondes, soit dans la phase où le souvenir vient à flot (Chapitre I, § 7) que l'effet inhibiteur est le plus intense.

Quant aux erreurs, la plupart des sujets n'en commettent pas. Quand elles surviennent, elles sont plus nombreuses lors du retour aux données initiales et l'accroissement est alors dû, comme on pouvait s'y attendre, à des confusions entre les données appartenant à chaque version du test.

La manœuvre expéditive présentée ici permet de faire encore une constatation intéressante concernant la structure du test.

En effet, avec cette forme de passation rapide, écartant les sous-tests 3, 4 et 5, les sujets reviennent moins souvent sur les données et les élaborent moins qu'avec la technique de routine portant sur les 7 sous-tests : le taux d'évocation final doit s'en trouver diminué. La confrontation des moyennes suivantes permet de mettre en évidence ce phénomène :

	Technique des 7 sous-tests	Technique réduite (1, 2, 6, 7)
Taux moyen d'évocation :		
Sous-test 6	$15,6 \pm 1,8$	$13 \pm 2,3$
» 7	$15,9 \pm 2,2$	$13 \pm 2,1$

Ces chiffres montrent que chez l'individu normal le souvenir continue à se renforcer et à croître pendant la passation des sous-tests 3, 4 et 5. Par contre, nous avons déjà noté que chez les sujets fortement détériorés sur le plan intellectuel, la passation des sous-tests 3, 4 et 5 éloignait souvent les individus des données initiales (perception réaliste, lecture directe, incompréhension de la schématisation) et contribuait à abaisser le taux d'évocation finale.

§ 12. *Rythme d'évocation.* — Au Chap. I, § 7, nous avons signalé l'intérêt clinique du rythme avec lequel les différentes données sont évoquées. Il est utile de posséder des normes permettant de repérer les évocations anormales quant au rythme, évocations particulièrement lentes ou n'obéissant pas à une certaine loi caractéristique de décroissance quantitative dans le temps.

Sur une population de 70 sujets adultes (20 à 50 ans, de niveau culturel primaire), nous avons établi une courbe d'évocation pour les sous-tests 6 et 7. Comme des moyennes avec des décimales seraient peu utilisables, nous avons choisi les valeurs médianes et quartiles des distributions de la somme des données évoquées après chaque 30 secondes, cela pendant les 2 minutes allouées pour se remémorer les données perçues :

Sous-test 6	30 sec.	60 sec.	90 sec.	120 sec.
minimum	3	7	9	9
quart inférieur	8	10	12	12
médian	9	12	13	14
quart. supérieur	11	14	15	16
maximum	13	17	17	18

Sous-test 7	30 sec.	60 sec.	90 sec.	120 sec.
minimum	4	8	9	10
quart. inférieur	7	11	12	12
médian	9	12	13	14
quart. supérieur	11	14	15	16
maximum	14	17	18	20

Ces chiffres montrent clairement que c'est pendant les 30 premières secondes que la majorité des données, les deux tiers environ, sont évoquées. Les courbes sont identiques pour l'évocation immédiate et pour l'évocation différée.

§ 13. *Corrélations entre les diverses versions du test.* — Ces corrélations sont en apparence décevantes. On les a calculées en appliquant au même groupe de sujets, deux versions successives de l'épreuve. Or, étant donné la faible dispersion des résultats, on comprend facilement qu'une différence très faible dans le rendement aux divers sous-tests de chaque version suffise à créer des décalages qui jouent tantôt dans un sens, tantôt dans l'autre, affaiblissant considérablement les corrélations. Il y a là un point qu'il faut bien comprendre : ou bien on choisit des tests à grande dispersion dans les résultats et alors la présence ou l'absence de corrélation est hautement significative pour la parenté des épreuves confrontées. Celles-ci, malheureusement, auront peu de valeur sur le plan clinique, la dispersion même des résultats posant un problème d'aptitude individuelle préliminaire à toute approche pathologique. Ou bien, on choisit des tests à faible dispersion, les résultats aberrants et probablement pathologiques se détachant alors avec netteté d'un groupe central majoritaire et fortement ramassé ; mais alors, sur les individus normaux, les moindres fluctuations à l'intérieur du groupe central ramassé suffisent à déclasser un nombre relativement important des valeurs peu dispersées et à simuler, en quelque sorte, de mauvaises relations entre les tests mis en rapport de corrélation.

Dans les applications cliniques, le problème de la corrélation des versions du test se présente sous un autre aspect. Il s'agit de savoir si un individu qui, à une première version, se classe au-dessus de la limite de tolérance, ou à cette limite, ou en dessous, conserve sa position significative lorsqu'on lui applique une seconde version du test. En bref, y a-t-il stabilité à l'intérieur de deux grands territoire et stabilité relative autour de leur frontière ?

C'est en constituant un échantillon de population comprenant des sujets normaux et des sujets pathologiques et en appliquant successivement à ce groupe deux versions différentes du test, qu'on verra, si les deux catégories de sujets demeurent distinctes et si les deux versions ont la même valeur discriminative. Dans la pratique nous avons rencontré assez souvent une stabilité répondant à ces larges critères, pour être assuré du parallélisme des diverses versions du test.

Ces remarques faites, voici néanmoins les corrélations trouvées entre deux couples différents de versions, parmi les 5 constituées et cela pour 6 sous-tests, le premier intéressant la perception initiale des données étant négligé (insuffisance de dispersion des résultats; il suffit d'une donnée sur 20 mal identifiée à une version pour que la corrélation avec l'autre version en soit très affectée).

Sous-tests mis en corrélation	Version « Palmier » avec version « Peuplier »			Version « Cloche » avec version « Sapin »		
	r	1%	5%	r	1%	5%
2	.19	n.s	n.s	.18	n.s	n.s
5	.08	n.s	n.s	.20	n.s	n.s
3	.24	n.s	n.s	.20	n.s	n.s
4	.44	n.s	s.	.46	s.	s.
6	.40	n.s	s.	.34	n.s	s.
7	.61	s.	s.	—	—	—
	11 à 13 ans : n = 30			11 à 13 ans : n = 50		

n. s. : non significatif; s. : significatif.

Quelques faits intéressants, et d'autant plus après les réserves que nous avons faites, ressortent de ce tableau : les corrélations augmentent du sous-test 2 aux sous-tests 6 et 7 pour lesquels elles deviennent significatives à 1 % déjà.

Tout se passerait donc comme si, en face des données différentes de chaque version, les sujets ne réagissaient pas exactement de la même manière pour les premiers sous-tests de chaque version; par contre, à mesure que les données s'élaborent à travers les sous-tests, pour finalement devenir évocables loin des percepts qui les ont constituées et soutenues, les sujets tendent vers le même classement. Ainsi poussés, avec l'évocation, au maximum d'effort et de représentation, pourrait-on dire, les individus affirment des propriétés mentales relativement constantes.

Le test va donc bien dans la direction qui nous intéresse puisque c'est finalement une capacité d'évocation que nous désirons saisir, soit une élaboration achevée et un aboutissement quantitatif de la mémoire.

§ 14. *Effet quantitatif de la passation d'une première version du test sur les résultats d'une seconde version.* — La première hypothèse qui vient à l'esprit c'est qu'une première passation doit avoir un effet adaptatif à la situation-test, ce qui entraînera une facilitation lors d'une seconde passation avec une version équivalente. Dans ce cas les résultats avec cette seconde version seraient en moyenne plus élevés que les résultats fournis par cette même version employée comme premier test. Mais on peut penser aussi à un effet d'inhibition rétroactive dû à la similitude des versions ou à une chute de motivation entraînée par la répétition. La seconde passation serait alors gênée par les souvenirs inhérents à la première, ou bien elle comporterait un moindre effort d'où, en moyenne, une diminution quantitative des résultats. Il n'y a que l'expérience qui puisse décider entre ces hypothèses contraires. Voici le contrôle que nous avons fait.

Nous connaissons pour la version du test « le sapin » les résultats fournis en première passation par divers groupes de sujets, pour 147 enfants de 11 à 13; 11 ans par exemple. Un groupe de 54 sujets de cet âge subit en première passation la version « cloche » du test, puis en seconde passation la version « sapin ». Quelles indications nous fournira la confrontation du barème établi sur cette passation de la version « sapin » succédant à la version « cloche » avec le barème général de la version « sapin »?

Voici les deux barèmes rapprochés de manière à faciliter les comparaisons (sous-tests 1 à 6).

Quartiles :	25		50		75	
	P.i.	Après C.	P.i.	Après C.	P.i.	Après C.
Sous-test 1	20	20	20	20	20	20
» 2	13	13	14	15	15	15
» 5	18	17 (—)	19	18 (—)	20	19 (—)
» 3	16	14 (—)	18	17 (—)	19	18 (—)
» 4	15	13 (—)	17	15 (—)	18	17 (—)
» 6	12	11 (—)	14	13 (—)	15	14 (—)

La comparaison de ces valeurs montre une diminution de rendement (—) à la passation « sapin » effectuée après la passation « cloche » (après C.) sur la passation « sapin » prise comme version initiale (P.i.).

Comme il n'y a pas de raison, à première vue, d'envisager un simple effet d'échantillonnage, c'est l'hypothèse d'une inhibition rétroactive de la passation initiale sur la passation subséquente d'autres versions qu'il convient de retenir. Cet effet est net bien que peu accentué. Il est à retenir lorsqu'on se propose de suivre l'évolution d'un cas en soumettant le patient aux passations successives de plusieurs versions du test. Un exemple fera comprendre dans quel sens il faut le faire intervenir.

Un sujet donnant à une passation initiale « cloche » des valeurs correspondant pour les 6 premiers sous-tests au centile 50 établira ses résultats comme suit :

20, 16, 19, 18, 17, 13.

Pour conserver ces mêmes centiles 50 à la version « sapin » passée ultérieurement il devrait donner les résultats :

20, 14, 19, 18, 17, 14.

Du fait de l'inhibition retentissant sur la seconde passation il donnera probablement :

20, 15, 18, 17, 15, 13,

résultats correspondant encore aux centiles 50 de la distribution des valeurs pour ce cas spécial. On voit qu'elles sont quelque peu abaissées, d'où la règle pratique suivante :

Lorsqu'on dispose pour chaque version du test d'un seul étalonnage où chaque version représente une première passation, on doit tenir compte d'un certain effet inhibiteur d'une première passation sur la passation subséquente d'une autre version.

Un sujet qui d'un centile moyen de 50, par exemple, passerait à un centile moyen de 25 à 30 en passation subséquente pourrait n'accuser finalement que cet effet inhibiteur; le sujet qui conserve son centile moyen 50 aurait par contre progressé, le progrès compensant l'effet inhibiteur. Certes, il serait souhaitable d'étalonner chaque version du test en passation successive à partir de la version initiale « sapin ». Nous n'avons pu réaliser ce travail énorme et l'on se contentera pratiquement de la règle formulée plus haut.

§ 15. *Corrélations de l'épreuve « profil de rendement mnésique » avec diverses catégories de tests intellectuels*. — Quelle parenté les différents sous-tests de l'épreuve soutiennent-ils avec d'autres tests possédant des caractères bien définis? Pour un groupe de 41 sujets âgés de 20 à 45 ans, sujets présentant tous des problèmes de réadaptation professionnelle (examens psychologiques demandés en vue de conseils de réadaptation) nous disposons de quelques corrélations entre l'épreuve du profil de rendements mnésiques et les tests suivants :

a) Progressive Matrix de Raven (test fortement saturé en facteur G)

b) Reproduction de 15 signes (reproduction immédiate de 15 petits dessins, de l'ordre des signes d'un alphabet imaginaire, après exposition des données pendant une minute).

c) Fixation d'un groupe de 7 positions sur 25 possibles (on montre successivement 7 carrés différents répartis sur une surface de 25 carrés; après chaque répétition le sujet doit marquer d'une croix l'emplacement des carrés vus. On répète 10 fois l'expérience; chaque fois le sujet utilise une nouvelle surface de 25 carrés, les surfaces précédentes demeurant toutefois sous ses yeux. C'est un travail de structuration progressive, de repérage des positions les unes en fonction des autres; on compte les erreurs intervenant dans les 10 essais).

d) Groupes de points à organiser en figures géométriques de nature et de grandeurs définies (il faut voir dans le nuage de points des triangles et des carrés de grandeurs déterminées, figures pouvant se toucher ou s'imbriquer).

e) Cubes de Yerkes (dénombrer le nombre de cubes composant des tas plus ou moins réguliers).

Voici les coefficients de corrélation trouvés; ceux suivis du signe s sont significatifs à 5 %.

	Matrix	Reproduction 15 signes	Fixation 7 positions	Points à organiser	Cubes de Yerkes
Sous-test 2	0,04	0,27	0,01	0,19	0,01
» 3	0,44 s.	0,52 s.	0,14	0,21	0,16
» 4	0,26	0,68 s.	0,29	0,34 s.	0,09
» 6	0,43 s.	0,59 s.	0,06	0,40 s.	0,13
» 7	0,56 s.	0,39 s.	0,01	0,56 s.	0,24

Ces corrélations sont intéressantes autant pour les parentés que pour les non-parentés mises en évidence. Ainsi notre épreuve possède des facteurs communs avec le test de reproduction simple de données visuelles; l'absence de parenté eût été troublante. Il est lié à partir du sous-test 3 avec les Progressive Matrix et avec les Points à organiser, épreuves possédant toutes deux une bonne saturation en facteur général. Par contre, il n'y a pas de relation avec les Cubes de Yerkes et le test de fixation de 7 positions sur 25. Dans les cubes de Yerkes il n'y a certes aucun facteur mnésique qui intervienne et celui qui peut jouer dans la fixation des 7 positions est évincé par un facteur probablement assez spécifique de repérage visuo-kinétique excluant l'élaboration de significations précises.

Relevons encore que des corrélations relativement élevées avec l'épreuve de reproduction de 15 signes montrent qu'un facteur mnésique important intervient déjà aux sous-tests 3 et 4. De même les corrélations avec les Progressives Matrix et avec les Points à organiser, montrent qu'un facteur mental général se manifeste dans les sous-tests 6 et 7 et dans le processus d'évocation qu'ils intéressent.

§ 16. *Remarques finales sur les divers étalonnages.* — Les nombreuses valeurs numériques réunies dans ce chapitre constituent une police du test P.R.M. Elles indiquent avant tout la répartition des résultats chez les individus normaux et fixent ainsi des normes en dessous desquelles la clinique sera alertée. La progression des résultats avec l'âge, dès 8 ans, et avec l'entraînement intellectuel n'est pas assez prononcée pour que le test P.R.M. soit un bon instrument pour la saisie d'un facteur global de développement mental. Il est des domaines de l'activité mentale, ceux des savoirs, ceux des vitesses d'exécution et de réaction et celui de l'opérativité surtout, où ce facteur de développement se disperse beaucoup plus pour un même âge, tout en s'élevant fortement pour séparer les âges successifs. Le test P.R.M. tel qu'il est conçu, avec ses rendements indépendants des savoirs, des rapidités de réaction, de la saisie et de l'éduction de relations ou de corrélats, semble faire appel à un pouvoir assez vite stabilisé au cours de l'évolution et intervenant plus dans les formes d'activité psychologiques supérieures que celles-ci n'interviennent en lui.

C'est dans la partie clinique qui va suivre que nous allons examiner comment ce pouvoir peut s'écarter des normes relativement constantes que nous lui connaissons.

En examinant ces écarts et leur nature, peut-être apercevrons-nous quelques-uns des facteurs mystérieux qui interviennent dans la capacité d'évocation, condition elle-même de toute activité psychologique supérieure.

PARTIE CLINIQUE

Introduction

§ 1. *Catégories de malades examinés.* — Nous éliminons des profils moyens tous les cas où les malades présentaient de l'agnosie visuelle ou des troubles accentués de la communication verbale.

Pratiquement cela revient à exclure les patients qui n'ont pas identifié et nommé au moins 16 données sur 20 dans le premier sous-test. Celui-ci peut dès lors être considéré comme une situation étalonnée pour un repérage grossier de troubles aphasiques et gnosiques : les barèmes établis pour l'âge de 8 ans montrent en effet que parmi les enfants « tout venant » le nombre de figures identifiées ne descend pas au-dessous de 18. Donc, toute valeur inférieure invite immédiatement le praticien à entreprendre des investigations au niveau de l'expression et de la perception symbolique, ce qui relègue au second plan un examen de la mémoire par le test P.R.M.

Sur un matériel relativement important nous avons constitué un certain nombre de groupes en nous fondant sur les diagnostics établis dans le service de neurologie de l'Hôpital Cantonal de Genève. A dessein nous nous sommes limités à des catégories présentant sur le plan clinique des particularités psychologiques bien définies, classiques peut-on dire. Le but est ainsi de tester le test par la clinique et en retour de donner à la clinique un tableau du comportement moyen au test de certaines catégories de malades.

A côté de ces familles psycho-symptomatologiques dirons-nous, il existe d'autres affections où les troubles d'ordre psychologique sont très variables et se prêtent mal à une systématisation : ainsi dans les tumeurs cérébrales, par exemple, selon le siège de la lésion, selon le degré de compression et d'hypertension, tous les degrés et formes de déficits intellectuels peuvent se rencontrer. C'est alors par localisation, étendue et âge évolutif des lésions qu'il faudrait pouvoir constituer des groupes, ce que nous n'avons pu songer à faire sur un matériel trop réduit par rapport à la diversité des classes possibles. Nous ne pourrons que présenter quelques cas individuels particulièrement instructifs.

Nous étudierons avant tout les groupes suivants :
1. Les démences.
2. Les oligophrénies.
3. Les déchéances de l'alcoolisme chronique.
4. Les séquelles d'encéphalopathie post-traumatique.

Dans ces quatre groupes, c'est précisément l'homogénéité des troubles d'ordre psychologique qui, entre autres choses, aide à constituer l'entité nosologique. Dans les deux premiers groupes ces troubles sont de loin au premier plan, ils sont plus discrets et variables dans les deux derniers, d'où le choix des groupes et leur ordre de présentation.

§ 2. *Les repères*. — Nous donnons à la figure 1 les deux repères auxquels il faudra sans cesse comparer les profils des sujets examinés

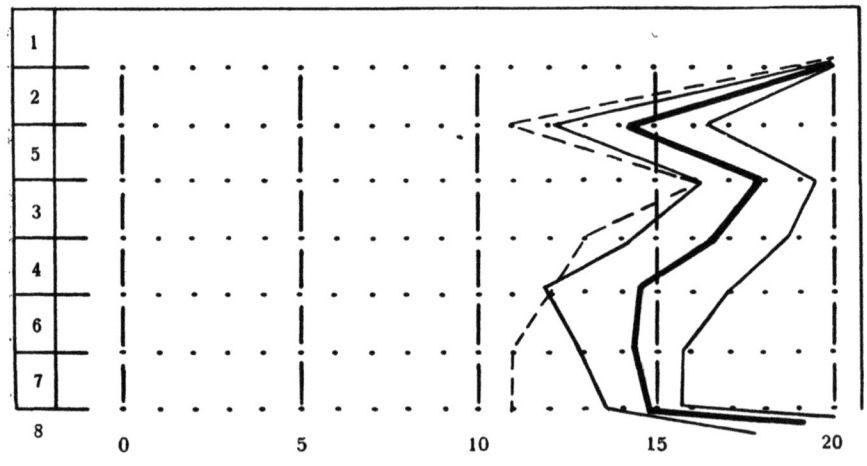

Fig. 1. Limite de tolérance (tracé interrompu). Profil moyen des adultes de niveau culturel primaire (trait plein fort; variation moyenne : traits fins).

ainsi que les profils moyens établis sur des groupes pathologiques. L'un reproduit la limite de tolérance constituée par la valeur du quartile inférieur, à chaque sous-test, chez les sujets de 12-13 ans. Nous avons légitimé ce choix et défini cette norme plus haut : elle situe, pour chaque sous-test, une valeur quantitative en dessous de laquelle il y a probabilité, chez le patient, d'un état pathologique de l'activité mnésique (d'autant plus probable qu'on s'éloigne plus en dessous de la limite).

Le second repère est le profil moyen calculé sur un groupe de 130 adultes de niveau culturel primaire et exerçant des métiers manuels (il comporte 55 % de manœuvres et 45 % d'ouvriers ayant fait un apprentissage régulier). Les deux sexes sont à proportion sensiblement égale, les âges variant entre 20 et 50 ans.

Ce genre de population est celui auquel on a affaire le plus fréquemment dans les services hospitaliers. On portera son attention, non seulement sur le profil moyen mais aussi sur sa variation moyenne qui indique entre quelles limites inférieure et supérieure peuvent varier les valeurs du profil dans la population normale. On notera que la limite inférieure ne coïncide pas avec la limite de tolérance qui repose d'ailleurs sur d'autres données et une autre optique statistique.

On eût pu, certes, prendre cette limite inférieure comme une limite de tolérance ; nous avons préféré le critère plus sévère du quartile inférieur de la population de 12-13 ans.

En se reportant aux normes présentées aux pages 47 à 54 on pourra construire, selon les besoins, d'autres systèmes de repérage (examen de sujets bien différenciés intellectuellement, étudiants, employés de bureau, sujets âgés de 50 à 65 ans, enfants, etc.).

CHAPITRE I

Groupe des régressions démentielles

§ 1. *Le profil moyen.* — La figure 2 donne le profil moyen du groupe de 41 patients chez lesquels la clinique a constaté un état de déchéance mentale et des altérations diffuses du cerveau, caractéristiques des démences séniles ou vasculaires.

Voici les moyennes et les variations moyennes trouvées pour chacun des 7 sous-tests dans ce groupe de déments.

Sous-test	Moyenne	Variation moyenne
1	19	1
2	8	2
5	9	3
3	4	2
4	3	2
6	5	2,6
7	5	2,5

Pour le sous-test 8, voir les remarques présentées plus loin.

Voici quelques valeurs centiles des âges des patients constituant ce groupe :

C. 10 : 51 ans; C. 25 : 60 ans; C. 50 : 70 ans; C. 75 : 73 ans; C. 100 : 85 ans.

78 TROUBLES DE LA MÉMOIRE ET EXAMEN PSYCHOMÉTRIQUE

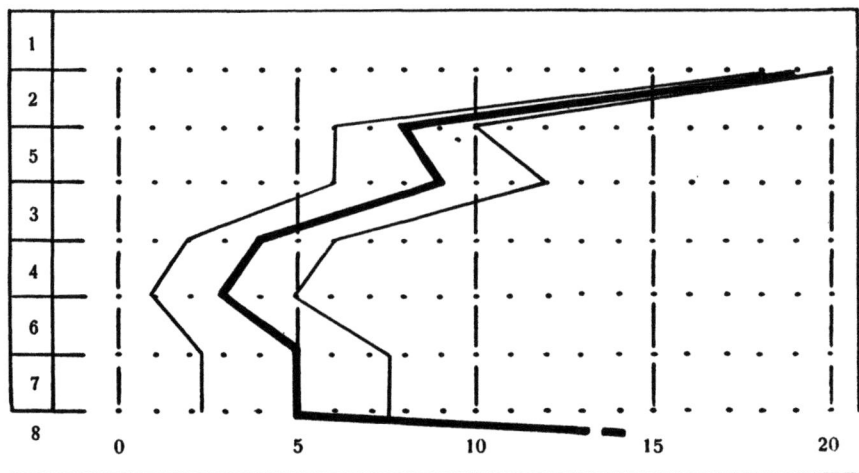

Fig. 2. Profil moyen et variation moyenne calculée sur un groupe de 40 malades atteints de regression démentielle

Dégageons les caractères de ce profil en allant des plus frappants aux plus discrets.

1. Par rapport à la limite de tolérance (quartile inférieur du groupe d'âge de 12-13 ans), le profil du groupe « déments » est entièrement décalé sur la gauche : tous les rendements sont inférieurs.

2. Le degré de difficulté intrinsèque de chaque sous-test est relativement respecté. Toutefois les sous-tests 3 et 4, où il faut identifier les données à partir de schémas très dépouillés, accusent une forte chute de rendement suivie d'une reprise aux sous-tests d'évocation libre (6 et 7). Il faut donc admettre que les schémas, loin de créer une facilité chez ces malades, introduisent, au contraire, une difficulté particulière. Il s'agit, comme nous l'avons vu, du conflit entre la perception actuelle d'un schéma polysignifiant et le retour d'un souvenir faible qui, loin d'imprimer une orientation au schéma, en le saisissant comme élément d'une structure récemment vue, se laisse au contraire évincer par la prégnance d'une bonne forme. Ainsi, non seulement la capacité d'évocation des déments est très affaiblie, ce que chacun sait, mais les souvenirs qui subsistent chez eux ont un pouvoir réduit d'organisation à l'égard de données pouvant être assimilées à des éléments de ces souvenirs. Ils ne ramènent plus ces éléments à leur

source : la mémoire a perdu, ou est en train de perdre, ses propriétés organisatrices. Ses contenus sont refermés sur eux-mêmes et n'ont plus d'action dynamique associative et structurante sur les perceptions.

Nous reviendrons sur ce problème et sur l'attitude typique des déments aux sous-tests 3 et 4 lorsque nous examinerons plus loin le comportement des oligophrènes à ces mêmes sous-tests.

3. Par rapport à la limite de tolérance et au profil moyen des adultes primaires, le sous-test 5 n'accuse qu'un très faible progrès sur son homologue, le 2. Si ce dernier correspond à une identification des schémas effectuée tout de suite après la perception des données initiales complètes, le sous-test 5 n'est qu'une reprise de cette identification après démonstration, avec réexposition des modèles, des schématisations les plus difficiles.

Chez l'individu normal la nouvelle lecture accuse toujours un progrès marqué sur la première. Chez les déments le progrès moyen n'est que d'une unité contre les 5 trouvées chez le normal.

L'examen des profils individuels montre que souvent, lorsque la démentification est prononcée, le rendement ne progresse pas du sous-test 2 au 5; parfois même il y a perte d'une unité (jamais plus, ce qui est important à retenir car on trouve des simulateurs pouvant accuser une forte régression du sous-test 5 sur le 2).

Nous avons déjà signalé qu'il fallait voir dans ce progrès minime ou absent, si caractéristique des états démentiels, un signe d'incapacité à intégrer chaque sous-test comme une suite d'expériences orientées vers une évocation finale et une possession toujours plus marquée de la totalité des données.

§ 2. *Le rythme d'évocation*. — L'étude du rythme de l'évocation dans le groupe des déments montre que la plus grande partie des souvenirs tend aussi à se manifester dans les 30 premières secondes; mais alors que chez les normaux l'accroissement est encore important dans les deuxièmes 30 secondes et persiste en diminuant jusqu'à la fin de l'enregistrement, chez les déments le progrès est minime après une minute et disparaît ensuite.

Voici, pour les normaux et pour les déments, les médians des distributions pour le taux d'évocation à la fin de chaque 30 secondes :

normaux : 9, 12, 13, 14 unités.
déments : 4, 5, 6, 6 »

Ainsi chez les normaux l'effort d'évocation est producteur pendant les deux minutes; chez les déments le maximum est en général atteint vers 90 secondes.

On peut faire deux hypothèses au sujet de cette différence : chez les normaux le nombre de données fixées étant plus élevé que chez les déments, l'effort d'évocation demeure plus longtemps producteur; ou bien, les déments ne sont pas capables de faire et surtout de soutenir cet effort. Ces deux explications ne sont pas contradictoires et c'est probablement leur combinaison qui correspond à la réalité. Nous relèverons encore que les déments abandonnent très vite la partie; après quelques instants, si ce n'est avant même de commencer à évoquer, ils déclarent ne pas se souvenir ou avoir épuisé le contenu de leur mémoire. La tendance à prolonger la recherche, à revenir sur les premières évocations comme moyen inducteur de nouveaux souvenirs, l'effort pour revoir les données, pour les confronter intérieurement, sont des processus caractéristiques de l'individu normal, disparus ou très affaiblis chez les déments qui d'ailleurs sont entravés et limités dans tous les aspects de l'activité mnésique examinés par le test : lors de la perception des données (par difficulté de centration soutenue), lors de l'organisation de ces données en individus distincts et en série composée, lors du rassemblement final dans la conscience, dans un cadre spatio-temporel, des effets de ces fixations défectueuses pour soutenir sur ces contenus internes un effort prolongé de centration.

§ 3. *La recognition.* — L'épreuve finale de recognition permet de faire des distinctions importantes dans le groupe des déments.

Nos observations se résument comme suit :

1. Chez les déments soumis à l'épreuve complémentaire de recognition le taux de la recognition est toujours supérieur à celui de l'évocation (règle générale).

2. Il est en général le double, mais il y a évidemment de la marge entre le double de 2 ou celui de 7 ou 8.

3. On peut grosso modo distinguer deux groupes de malades : l'un à capacité de recognition altérée, le taux de recognition est très bas par rapport à celui des individus normaux; dans le second groupe la capacité de recognition est apparemment peu altérée, le taux de recognition pouvant presque atteindre celui des individus normaux.

4. On n'a toutefois jamais trouvé le taux de recognition maximum (20) lorsque le taux d'évocation était inférieur à 5 données.

5. On peut trouver un nombre de recognitions très appréciable, 12 à 14, par exemple, alors que la capacité d'évocation volontaire est nulle.

6. Dans les cas où l'évocation est très faible et où la recognition est également réduite, la présence d'un nombre plus ou moins élevé de fausses recognitions est la règle.

§ 4. *Remarques sur les processus d'évocation et de recognition.* — C'est ici une première occasion de se demander pourquoi le taux de recognition est toujours supérieur à celui d'évocation.

Certes, le premier processus a un aspect passif alors que le deuxième est actif. Cette constatation banale n'épuise pas la question. On doit bien supposer que dans la recognition, comme dans l'évocation, l'activité se fonde sur la présence de traces laissées par l'expérience. Une première distinction à faire concerne les comportements répétés et les comportements nouveaux.

Il y a *comportement nouveau* pour la conscience lorsque, en face de données, nous ne savons pas comment anticiper intérieurement tout ou partie de nos réponses, réactions et conduites et que nous devons nécessairement percevoir et tâtonner pour découvrir et établir le comportement adéquat. Il y a *comportement répété* lorsque, en face des données, nous savons anticiper la suite des actes et des conduites; c'est la conscience de cette anticipation qui établit qu'il s'agit bien d'un comportement déjà constitué en nous, déjà vécu et qui se répète.

Ces sentiments de nouveauté et de répétition peuvent être induits au contact des choses objectivement rencontrées ou s'installer à propos d'une production tout intérieure. Celui qui crée ne peut anticiper sur ce qu'il va produire; il ne peut qu'enregistrer les démarches successives de son esprit. Celui qui repense l'une de ses créations anticipe une suite à partir d'un début et sait où il aboutira à nouveau. Dans l'évocation comme dans la recognition nous avons évidemment affaire à des actes répétés mais avec une différence fondamentale dans la manière dont la répétition est induite.

Dans la recognition l'induction se fait à partir de l'extérieur, le sujet se retrouvant en face de données qui ont déjà entraîné des réponses ou conduites (perceptives, sensori-motrices, verbales, associatives, opérationnelles). Ces données réactivent alors tout ou partie des conduites déjà vécues.

Que doit-il se produire pour qu'il y ait recognition? Il ne suffit pas que la conduite se répète avec le sentiment qu'à partir de son déclenchement sa suite peut être anticipée; dans ce cas il n'y aurait que simple conscience d'état connu, de savoir ou de pouvoir possédé. La recognition n'est complète que lorsque la répétition est affectée pour la conscience d'une certaine variable temporelle permettant de dire que la réponse a déjà été donnée, que le savoir a déjà été constitué ou possédé, à tel moment et dans telles circonstances de l'histoire.

Toute la différence réside dans les termes *connu* et *reconnu*. *Connu* signifie réductible à un savoir ou un pouvoir déjà constitué et vécu sans référence nécessaire à un moment ou à des circonstances; on peut remplacer le mot par ceux de « significatif en général » ou, en langage de l'information par celui de « redondant ».

Reconnu signifie réductible à du déjà constitué et vécu mais avec affectation d'un élément de connaissance supplémentaire qui permet de distinguer la perception ou répétition actuelle d'une ou de plusieurs répétitions antérieures bien déterminées. On pourrait remplacer le mot *reconnu* par ceux de « significatif pour le temps et l'histoire » ou encore par ceux de « informant pour l'histoire de l'activité ».

Ces remarques montrent que la recognition, bien distinguée de la répétition, n'est pas un processus aussi simple et aussi primitif qu'on pourrait parfois le supposer. Entre la connaissance et la reconnaissance on peut distinguer une foule de nuances allant du sentiment que la connaissance est du « déjà vécu » qui se réactualise sans spécification de temps et de lieu, au sentiment qu'elle se réfère à un moment ou à une circonstance unique. Il ne faut donc pas parler de recognition en général mais toujours distinguer avec soin le degré de recognition en suivant la gradation : déjà vécu, familier-non familier, occasionnel-coutumier, relatif au récent, au lointain, relatif à tel moment ou circonstance, etc.

Pour que nous reconnaissions complètement, il faut donc qu'en surgissant, les choses ou les événements répétés et connus incitent à effectuer une localisation temporelle ou circonstantielle de leur connaissance antérieure, cela même si elle paraît impossible. Quels caractères doit alors posséder une situation pour nous inciter ainsi à y reconnaître certaines données? On peut penser tout d'abord à l'intervention d'un effet de surprise : dans ce cas les données sont soudain perçues comme objet d'un comportement que l'on peut anticiper alors qu'on s'attendait à devoir tâtonner et innover. C'est quand une répétition s'insère de l'extérieur dans un contexte où elle n'était pas voulue, prévue ou simplement probable, que l'on éprouve le besoin de cerner et de localiser ce déjà vécu coercitif. Nous dirons que c'est une recognition imposée ou déclenchée mais cela parce que la chose ou l'événement qui survient représente une sorte de régression historique et une incohérence par rapport au comportement actuel cohérent et en devenir. En second lieu nous pouvons avoir affaire à une attitude recognitive constituée préalablement à la rencontre avec l'objet ou l'événement et incitant à le rechercher ou à l'identifier. C'est la recognition recherchée; elle se produit quand, faute de pouvoir évoquer convenablement la donnée on se met, ou on est mis dans une situation où puisse se répéter l'expérience, les actes propres au contact avec la donnée assumée; on examine alors les données successives de la situation de recherche ou on est astreint à les examiner; des actes sont de la sorte réinduits jusqu'à ce que l'un d'eux se détache comme une répétition particulière distincte des autres; l'objet qui l'a produite est alors précisément reconnu. Quel est le caractère particulier de cette répétition discriminative? Elle satisfait à un critère préalable posé avec l'intention même de reconnaître. Ce critère sera relatif soit au degré de récence de la répétition par rapport aux contacts antérieurs (reconnaître ce qu'on vient de voir ou d'entendre, ou ce que l'on a vu avant ou après ceci ou cela), soit à une circonstance plus ou moins bien déterminée (vu dans tel endroit, dans le voisinage de, associé à ceci ou cela). Le critère constitue alors une sorte de filtre pour les perceptions actuelles qui sont écartées jusqu'à ce que le contact avec l'une d'elles donne l'impression de récence recherchée ou d'adéquation à la circonstance évoquée.

Nous voyons ainsi que la recognition n'a pas ce caractère passif que l'on souligne trop souvent. Elle n'est passive que par rapport à l'évocation qu'il convient maintenant d'examiner.

Dans l'évocation il n'y a pas d'élément extérieur inducteur de répétition. C'est en sélectionnant des répétitions à partir de l'intérieur que l'individu va reconstituer un moment de son comportement. Il faut donc qu'au début il pose ce moment de son histoire, qu'il tienne et évoque une circonstance, un instant, un fragment répété du tout avec l'intention de refaire, le plus souvent par verbalisation, le comportement complet qui a rempli et constitué le moment historique. Il s'agit de restituer à un cadre spatio-temporel plus ou moins précis le comportement qui seul l'occupa.

Que peut-on répéter qui satisfasse à cette exigence? Par une mémorisation préalable on aura pu s'astreindre à former une habitude, une suite d'actes disposés en réponse en vue de satisfaire l'ordre ou le besoin d'évoquer. En l'absence d'une telle habitude comment arrive-t-on à sélectionner dans l'acquis les répétitions qui restaureront en partie le comportement qui doit occuper le cadre spatio-temporel ancien? A nouveau ce sont des critères de degré de récence ou de circonstance particulière qui interviendront : on renouvellera les actes les plus récemment répétés (évocation immédiate) ou alors les actes s'articulant vraisemblablement le mieux à telle circonstance préalablement évoquée. Il se produit ainsi une sorte d'échange mystérieux entre le cadre spatio-temporel déclencheur et guide du processus et les actes répétés destinés à le remplir : au fur et à mesure qu'une répétition confirmante du cadre se produit celui-ci se précise, ce qui augmente les chances de nouvelles venues adéquates. Le processus se développe jusqu'à ce que naisse le sentiment que le cadre contient des vides qu'aucun effort ne pourrait plus désormais combler. Il y a alors conscience de lacune; c'est l'oubli conscient ou conscience de l'oubli. Elle poussera à apprendre, c'est-à-dire, à constituer en habitude solide, en suite automatisée, un comportement destiné à remplir un cadre spatio-temporel déterminé.

On peut dire encore que dans l'évocation il faut produire en fonction d'un cadre des répétitions d'actes en les reconnaissant comme appartenant bien à ce cadre.

Dans la recognition déclenchée et dans la recognition recherchée, l'activité mnésique n'intéresse que le cadre de réception; dans le premier cas (déclenchée) il est reconstitué après qu'on est conscient de revivre ou de répéter une conduite; dans le second (recherchée), le cadre est préalablement défini pour trier les actes répétés qu'induiront les données extérieures. Dans les deux cas nous n'avons pas à produire nous-même ce qu'il faudra ensuite reconnaître comme évocation correcte.

Appuyons-nous maintenant sur l'expérience de recognition intervenant dans le test P.R.M. Que doit faire le patient qui reconnaît parmi les 40 termes présentés ceux qui correspondent à des formes vues et évoquées lors de la passation des divers sous-tests? Tous les mots présentés sont connus. En les entendant il y a donc pour le sujet répétition de contacts déjà vécus et renouvellement de conduites d'appréhension et de prise de signification. La seule différence entre les vocables c'est que 20 d'entre eux se réfèrent à une expérience récente, ou mieux, renouvellée récemment, celle intervenue dans la prise du test, alors que les 20 autres concernent des expériences nettement plus lointaines.

C'est donc en fonction d'un coefficient de récence interne que les sujets vont discriminer. L'introspection élémentaire montre à chacun qu'il perçoit, ou mieux, éprouve, d'une façon très directe, le degré de récence de mots que l'on vient d'entendre lorsqu'ils se trouvent mêlés à d'autres mots (il en est de même lorsqu'il s'agit d'objets ou d'êtres vus et signalés verbalement). Il y a là un sentiment de certitude, une conviction directe et intime qui semble ne faire intervenir ni analyse ni déduction. On en vient alors à penser que le phénomène doit reposer sur un mécanisme physiologique très élémentaire et il vient aussitôt à l'esprit l'hypothèse de traces toutes fraîches, ou fraîchement réactivées qui se réactivent une seconde fois à court intervalle. Quand il y a réactivation d'un circuit frayé dès longtemps il y a signification, répétition, redondance pour la conscience; quand une seconde réactivation suit de près la première, il s'ajoute pour la conscience une information particulière, celle de récence, de perception qui vient d'avoir lieu, qui se répète, qui insiste. Il est même à remarquer que si l'excitation extérieure se répète indéfiniment nous finissons par la trouver insupportable, nous essayons de nous y soustraire physiquement et si nous n'y parvenons pas nous constatons très souvent qu'après un paroxysme d'irritation nous finissons par enregistrer de moins en moins l'excitant qui bientôt nous devient indifférent. Ces phases successives de discrimination de la récence, puis d'excitation insistante désagréable, enfin d'adaptation négative, doivent certainement n'être que les concomitants conscients et affectifs d'un processus physiologique de facilitation tout d'abord, de mobilisation et d'entretien forcés au détriment d'autres disponibilités ensuite, enfin d'usure ou de fatigue, d'inhibition protectrice.

On peut retenir maintenant que dans la recognition en général et particulièrement dans la forme qu'elle revêt dans le test P.R.M., la récence des activations neuroniques doit jouer un rôle fondamental. Suffit-il à tout expliquer? Nous ne le pensons pas et nous remarquons qu'il s'agit toujours en fait d'une discrimination de récence : même dans le cas où, en recognition, nous distinguons sans aucun effort une donnée qui vient d'affecter notre conscience d'une autre qui n'est pas intervenue depuis assez longtemps, ce sont deux degrés différents de récence ou d'âge des traces qui sont confrontés, et que nous discriminons. Mais nous pourrions les ressentir différents dans ou selon une propriété de notre physiologie, sans leur conférer des âges respectifs et surtout, lorsqu'il y a de nombreuses données présentées, sans pouvoir réunir celles qui ont exactement le même degré de récence, soit de figuration dans un même cadre spatio-temporel, ce qui est fondamental en matière de recognition. On voit donc que la discrimination des différences venues de l'état physiologique des traces doit se référer nécessairement à un cadre déterminé distinct d'un autre cadre spatio-temporel pour que la discrimination ait un sens psychologique. Or ces cadres ne sont pas autre chose que notre organisation mentale du temps, notre organisation en suite des moments successifs et distincts que nous vivons. Si un tel système fait défaut ou se trouve détérioré nous devenons incapables de classer pour notre conscience des impressions différentes produites par les réactivations neuroniques. Si besoin en est, un exemple fera mieux comprendre ce que nous entendons :

Dans la consigne de l'épreuve de recognition nous utilisons la formule suivante : « Maintenant je vais vous lire une série de mots... parmi ceux-ci se trouvent des mots désignant les choses que vous avez vues tout à l'heure sur cette feuille (formule du test retournée), d'autres mots désignent des choses que vous n'avez pas vues, qui n'étaient pas sur cette feuille. Chaque fois qu'un mot correspondra à une chose vue vous répondrez oui, etc..., etc... ». Ce qui est essentiel ce sont les termes « choses que vous avez vues tout à l'heure » et « choses que vous n'avez pas vues (sous-entendu tout à l'heure) ».

Ces mots mobilisent deux cadres spatio-temporels bien distincts, l'un précis et récent dans l'expérience (on montre encore la feuille retournée pour renforcer le facteur spatial), l'autre vaste, indistinct, lointain, cela par exclusion du premier. Que doit faire maintenant le sujet sinon référer les excitations qui vont venir sous forme de mots, à l'un ou l'autre de ces cadres selon que certaines d'entre elles sont affectées d'une facilitation physiologique qui n'intervient pas chez les autres? On voit immédiatement que si les deux cadres ne peuvent pas se constituer ou s'ils se désorganisent et s'effacent à peine constitués, toute discrimination consciente des données est impossible quel que soit finalement le degré de facilitation physiologique qui puisse respectivement les intéresser. Ces différences physiologiques peuvent continuer à exister, peut-être détermineront-elles encore certaines réactions, mais elles auront perdu toute portée psychologique ou cognitive.

Nous pouvons maintenant revenir aux résultats du test de recognition dans les états démentiels.

Nous avons vu que certains sujets fortement déficients ou nuls sur le plan de l'évocation pouvaient donner des résultats normaux ou presque à l'épreuve finale de recognition.

On est en droit de penser que chez eux un fonctionnement suffisant se produit encore lorsque la récence des traces est sélectionnée de l'extérieur par le retour des stimulations et que les malades sont en outre capables d'établir nettement, pour leur conscience, le moment de l'histoire auquel référer la réactivation éprouvée soudain lorsque certaines données réapparaissent. Ils se replacent en quelque sorte dans le moment et l'ambiance toute proche de la prise du test et demeurent suffisamment centrés sur ce repère pour que ce dernier opère comme agent discriminatif.

D'autres patients sont incapables d'amorcer ou de soutenir cette centration; les mots successivement présentés atteignent un écran mental sans structure historique ou ne réalisant pas celle qui convient; dès lors le degré de récence des données, s'il est encore éprouvé, ne peut plus être référé pour une discrimination temporelle; le patient ressent tout ce qui lui est présenté comme faisant partie de son histoire (puisque toutes les données ont encore un sens pour lui); il est alors porté à tout reconnaître, d'où, cas le plus fréquent, le grand nombre de fausses recognitions; soit, au contraire, il écarte presque tout, du fait que tout ce qui n'est pas actuel est lointain, le plus ou moins lointain ne pouvant plus se hiérarchiser dans l'esprit. Il est clair que cette deuxième catégorie de patients est beaucoup plus détériorée mentalement que la première.

Pour compléter cette analyse demandons-nous comment certains sujets deviennent incapables de réaliser cette organisation spatio-temporelle accueillante et discriminative des perceptions consistant à les recevoir dans une évocation d'un moment de l'histoire. Or pour constituer un tel cadre, assurant une recognition complète, on doit supposer l'existence d'un *enregistrement continu de la succession des événements*, enregistrement structuré en moments bien distincts, moments présentant donc des degrés de récence différents et demeurant échelonnés, en vertu de ces degrés d'une part, mais aussi par référence les uns aux autres selon le mécanisme général proposé plus haut. Deux conditions devraient être alors simultanément remplies :

Tout d'abord il faut que *toutes les traces portent un âge physiologique*, âge se manifestant lorsqu'elles sont ravivées.

Ensuite il faut, une *trace étant présente* avec toutes ses particularités organiques, qu'on puisse *réactiver de l'intérieur* un vaste ensemble indifférencié de traces capables de se situer réciproquement et de situer la première pour qu'elle soit reconnue psychologiquement.

Dès lors, plus une trace en se réactivant recrutera d'autres traces connexes de frayage chronologiquement différent, et cela de proche en proche, plus les particularités temporelle et historique de la première ressortiront et plus, d'une façon générale, l'écran mental historique de réception sera étendu, structuré et efficace.

Ce sont ces deux conditions qui sont en voie de détérioration et de disparition chez les déments, sans qu'il soit toujours facile de faire la part de ce qui revient à chacune d'elles.

Chez les déments et chez les vieillards qui commencent à manifester de la détérioration mnésique, l'anéantissement du passé récent avec conservation du passé lointain stéréotypé est bien connu (sous réserve de la persistance de repères journaliers très grossiers tels que l'heure du repas, la venue du journal, d'une visite, d'un plaisir ou d'un déplaisir périodiques). Entre ces moments privilégiés, les événements ne s'enregistrent plus ou s'enregistrent seulement de façon confuse. De ce fait la mémoire du détérioré se divise en deux secteurs : celui du passé lointain dont il *ressasse* indéfiniment les séquences spatio-temporelles devenues stéréotypées et celui du passé récent, confus, brumeux, où de rares souvenirs sont mal localisés. La loi de Ribot énonce cet état de fait. Une conclusion s'en dégage pour la thèse adoptée ici : ce sont les degrés de récence dans le récent qui ne se manifestent plus ou plus suffisamment, l'âge des souvenirs anciens demeurant relativement préservé.

On en vient alors à penser que le concomitant physiologique de l'âge des perceptions ne se réalisant plus, celles-ci demeurent toutes sur le même plan, leurs traces ne peuvent se réactiver avec des particularités différentes de récence; ravivées toutes avec le même caractère, aucune d'entre elles ne peut se constituer en repère et critère pour situer les autres. On peut ajouter encore qu'à partir de la trace réactivée et à degré de récence affaibli, le recrutement de proche en proche d'autres traces à récence éventuellement mieux caractérisée, ne se réalise que laborieusement et incomplètement d'où pauvreté des critères de repérage et difficulté d'établir des souvenirs malgré la conservation souvent impeccable des habitudes verbales, perceptives et de celle des schémas d'actions.

Finalement, on pourrait admettre que ce qui disparaît avec le vieillissement de l'organisme ou sous l'effet accélérateur de divers processus pathologiques, c'est, d'une part, la propriété des circuits nerveux constitués de former et de conserver pendant un certain temps une surimpression par nouvelle activation, surimpression qui sera le support du degré de récence, surimpression qui permettra des recognitions mais qui aussi, celles-ci jouant, assurera l'élaboration de blocs de souvenirs par réactivations internes des surimpressions contemporaines référées à d'autres traces déjà organisées et formant critère de séparation, d'opposition et d'association. C'est, d'autre part, un facteur de recrutement, c'est-à-dire, de réactivation de proche en proche des circuits connexes dont l'âge et les caractéristiques propres constituent un système de référence dans l'histoire de la connaissance. Il s'agit d'une circulation interne rapide, d'un allumage étendu, embrassant le nombre le plus élevé possible de repères.

Si ces vues conviennent bien à la description des faits envisagés jusqu'ici, elles doivent s'appliquer également sans difficultés à d'autres caractères de la mémoire.

Chez les déments ce sont les facteurs plasticité-surimpression et circulation-recrutement qui sont tous deux en cause et tous deux devenus insuffisants, d'où les déficits mnésiques les plus graves. Chez les jeunes enfants, où le facteur plasticité-surimpression est au maximum de qualité et où la circulation est probablement intense, c'est le nombre des structures déjà solidement fixées et pouvant se réactiver d'un seul coup, des hiérarchies rigides déjà établies par l'usage répété qui empêchent, non les souvenirs, — il ne s'en forme jamais plus qu'à cette époque, — mais plutôt leur disponibilité, leur utilisation rationnelle, leur localisation précise, d'où une fugacité et bientôt des pertes énormes par défaut de structure de repérage.

On comprend encore qu'une certaine compensation puisse se réaliser entre les qualités et les défauts respectifs des facteurs de plasticité-surimpression et de circulation-recrutement. Un individu chez lequel les surimpressions sont faibles peut suppléer en partie à ce défaut par l'intensité d'une circulation où la connaissance est bien organisée, les choses et les événements bien distingués par des classements et bien groupés par des relations. Chez de tels sujets, lors de la perception des données, ce serait moins la surimpression produite par l'afférence dans une voie étroite déjà frayée (puisqu'il s'agit de données signifiantes) qui jouerait le rôle capital, que l'allumage, au-delà de tout un réseau que le hasard seul n'aurait pu réactiver de la sorte en forme et en étendue.

Plus tard, quand il faudra reconnaître ou évoquer la donnée, ce n'est point elle qui reviendra, la surimpression spécifique la concernant étant faible, mais plutôt un état d'appartenance, un sentiment de catégorie, de domaine, une connaissance de relation résultant du fait que tout un réseau se trouve plus ouvert et plus disponible que d'autres. Il suffirait dès lors que l'activité de circulation se concentre dans ce secteur pour que tôt ou tard des réactivations atteignent les voies ou connexions qui intéressent la donnée recherchée, que sa faible surimpression soit ainsi renforcée et qu'elle se rétablisse enfin comme souvenir, comme pièce, pont ou relais cohérent dans le réseau ravivé. C'est ainsi que l'opérativité intellectuelle, qui est exploitation de relations inscrites dans le fonctionnement, que la déduction, que des assomptions, toutes déclenchées à partir d'indices extérieurs au souvenir recherché, mais pouvant délimiter son gîte, quelques-uns de ses tenants et aboutissants associatifs, arrivent à suppléer une plasticité de frayage faible ou en voie d'affaiblissement. Tout se passerait alors comme si la diffusion en étendue de l'excitation sur un écran bien structuré compensait son incision et sa profondeur sur une voie courte.

A l'opposé de ces mémoires qui constituent et enrichissent le souvenir par circulation et recrutement à l'intérieur de réseaux cognitifs, on notera l'existence des capacités recognitives et évocatrices étonnantes chez des individus qui sur le plan de l'organisation de la connaissance sont limités ou débiles. Leur perception ne saisit pas les choses et les événements dans un monde structuré par des classes et des relations ; les données s'y présentent juxtaposées avec de faibles halos associatifs, de faibles attaches conceptuelles, avec un retentissement significatif restreint. Néanmoins ces sujets, comme le constatent tous ceux qui possèdent une expérience clinique de la mémoire, peuvent se situer fort bien pour le nombre des souvenirs. On doit admettre que ces sujets disposent d'une propriété bien distincte de l'aptitude à l'organisation rationnelle de la connaissance et que leurs perceptions, étriquées quant à la puissance signifiante et logique de l'appréhension, s'inscrivent pourtant profondément dans le cours de leur activité.

Une dernière remarque touchera un sujet que chacun connaît, la distinction des deux mémoires faite par Bergson. Tandis que nous constituons une habitude par répétition, nous enregistrons, en tant qu'événement distinct, chaque retour sur les données, ou du moins, certains d'entre eux, marqués de particularités notables. Ainsi notre action, l'habitude qui se forme, s'inscrit dans un cadre de conscience structuré qui la contient tout en la débordant en large réseau d'associations et qui isole les comportements vécus dans un moment déterminé du temps eux-mêmes référables à d'autres moments. Or, toute perception, dans la mesure où elle déclenche des actes et du langage est habitude naissante, et l'évocation n'est autre chose que répétition de ces actes à partir d'un cadre spatio-temporel restauré qui les situent comme moment de l'histoire tandis qu'en retour ils réoccupent ce moment. C'est en ce sens que tout souvenir contient de l'habitude, mais que les habitudes fortement ancrées finissent par perdre complètement, à force de répétition, tout cadre circonstantiel intéressant leur genèse.

Je suis bien incapable de retrouver l'un ou l'autre des cadres dans lesquels s'inscrivirent mes premiers efforts pour écrire le mot *souvenir* ou le mot *habitude*, par exemple.

Le cadre est par contre solide lorsque le comportement à apprendre est naissant et il persiste d'autant mieux que l'habitude en formation reste en suspens et que nous ne pouvons savoir ce qu'il serait advenu de notre comportement et de nous-même si des habitudes, en rapport avec la situation, avaient pu complètement se réaliser.

Ainsi le cadre d'un plaisir, d'un danger, d'une réussite, d'un échec, d'un voyage, d'un événement, etc., reste d'autant plus vif que rien ne fut renouvelé. C'est alors comme si ce cadre demeurait une incitation à constituer ou à achever des habitudes précises pouvant le remplir, le fournir d'actes bien ajustés qui en referaient une réalité de comportement. En ce sens, tout souvenir est une sorte de frustration entretenue par l'impossibilité de réaliser une accoutumance totale, une possession active complète, une protection absolue à l'égard des situations que nous avons affrontées. Le souvenir a peut-être aussi une autre fonction que celle de simple garde du passé. Il est besoin de possession absolue qui ne pouvant se satisfaire reste appétit et ouverture sur l'avenir. C'est pour cela que les souvenirs sont souvent obsédants et qu'ils deviennent toujours mélancoliques quand, l'avenir se rétrécissant, on distingue que la frustration en appétit ou protection est définitive.

Pour terminer insistons encore sur les différences séparant l'évocation et la recognition. L'évocation volontaire est effort pour recruter à l'intérieur d'un cadre spatio-temporel des habitudes amorcées au moment du temps restauré par ce cadre. La recognition consciente est capacité à éprouver qu'un cadre spatio-temporel a convenu à des habitudes que la situation présente amène à répéter.

Dans l'évocation la mémoire répond donc à une mémoire préalable, puisque le sujet doit se situer d'abord comme être actif et répondre à ce qu'il peut reconstituer d'une situation extérieure à laquelle il a déjà répondu. L'évocation implique un circuit beaucoup plus long que la recognition et une mémoire en quelque sorte dédoublée. Il n'est pas surprenant dès lors qu'elle soit la première touchée dans les régressions mnésiques et que l'inverse soit impossible. Cependant, tôt ou tard, la recognition sera gagnée à son tour par la détérioration puisqu'elle n'est point passivité totale mais discrimination du cadre spatio-temporel où peuvent se réinsérer les réponses que l'on vient de fournir dans le présent.

L'évocation suppose encore tout un dynamisme vital, un besoin de se confirmer dans un achèvement, une possession accrue, dans le sens d'habitudes parfaites de l'adaptation au monde. Nous dirons que celui qui évoque veut encore apprendre. Dans les régressions globales d'activité, alors que toutes les fonctions s'altèrent, l'évocation et le souvenir n'intéresseront bientôt plus que des apprentissages réellement vitaux, les besoins primitifs et l'affectivité. A la faiblesse intrinsèque de l'évocation s'ajoute alors un refus d'investir des forces fléchissantes dans de nouvelles adaptations, d'où répugnance à évoquer le passé immédiat avant tout.

§ 5. *Conscience et inconscience de la détérioration mnésique.* — Dans les régressions démentielles la prise de conscience de l'altération mnésique et de son degré est un critère important du degré même de la détérioration intellectuelle. Il n'est pas surprenant de constater, après les remarques que nous venons de présenter, que ce sont les sujets aux mémoires les moins altérées qui insistent le plus, et surtout avec le plus de nuances, sur les défaillances de leurs souvenirs.

En effet, pour sentir qu'il y a oubli il faut être capable de bâtir le cadre que l'on sera ensuite incapable de fournir en données convenables; on éprouve alors des vides et on les situe.

Il faut se souvenir d'un minimum pour savoir qu'il y a oubli et la conscience d'un défaut de mémoire suppose la mémoire.

Les déments qui ne disposent plus de ce minimum et à évocation très réduite sont cependant conscients d'une inadaptation lorsqu'un comportement social suffisant a subsisté. Ils ne traduisent pas leur difficulté par un aveu d'effort devenu stérile. En effet, ils ne font pas d'effort car, pour en faire un, il faudrait précisément qu'ils se replacent en face d'un cadre à remplir et que la précision même de ce cadre soit une incitation à chercher. Ils réagissent alors non à la recherche stérile, soit à l'oubli, mais à leur absence de cadre incitateur et organisateur. Ils diront peut-être qu'ils ne se souviennent de rien mais cela préalablement à toute recherche et sans avoir établi ce qu'il faut chercher. La nuance peut paraître subtile, elle est cependant fondamentale et l'on ne s'y trompe pas devant les comportements réels. La réponse « je ne me souviens de rien » est parfois donnée avant que l'examinateur ait achevé d'expliquer ce qu'il désirait.

C'est toujours un refus de mobiliser la mémoire ou un aveu de l'impuissance à la mobiliser. Le déficit mnésique est posé a priori pour se dispenser d'une mise en état d'évoquer, il n'est pas constaté par déclenchement du processus même d'évocation.

Le refus revêt bien d'autres formes : la mémoire n'est plus alors incriminée a priori ; le patient peut invoquer son âge, sa santé, sa fatigue, ses mauvais yeux, ses lunettes non ajustées (même pour évoquer) ou bien il se retranche derrière une dignité blessée (ça à mon âge, je ne suis plus à l'école, je ne peux pas m'intéresser à cela), ou encore il devient agressif et s'en prend au test (ça n'a pas de sens, c'est stupide, ça ne sert à rien). Il existe encore, dans ces cas, une capacité à concevoir qu'un certain type de comportement devrait être la réponse adéquate à la situation. Comme le malade ne peut ou ne veut pas l'instituer, il justifie l'inadaptation actuelle qu'il doit tout de même bien éprouver à l'égard de l'expérience, de l'événement qui vient d'avoir lieu. Il y a donc encore une vague mémoire sous-jacente, mais insuffisante pour préciser assez l'événement et en faire un point de départ pour une évocation. Que cette dernière capacité à se situer disparaisse et le patient ne protestera plus ; il ne sera plus adaptable, même pour un refus ; il répondra à toutes les incitations du présent, à toutes les tensions et associations qui se développent en lui sans pouvoir opposer à ce flux des reculs assurant un découpage en reports vers du passé ou en anticipations vers un avenir.

Avec les patients qui ne peuvent instituer le processus d'évocation le test peut être encore appliqué mais pour enregistrer finalement l'échec complet ou quasi complet aux sous-tests 6 et 7. On pourra alors passer immédiatement à l'épreuve de reconnaissance qui permet de faire encore, comme nous le savons, des discriminations intéressantes.

Avec les déments qui ne sont plus capables de se centrer sur un comportement en devenir en suivant ce qu'on leur montre, qui, au sous-test 1 s'arrêtent soudain de nommer les dessins pour réagir à d'autres particularités du milieu ou à quelque préoccupation s'installant en eux, le test devient inapplicable. Les résultats concernant cette catégorie de malades n'ont pas été pris en considération pour construire la courbe moyenne des rendements de notre groupe-déments ; de même on a éliminé les cas où il y eut refus persistant d'évoquer.

Signalons encore un comportement typique de certains déments au sous-test 2 où il faut identifier les premiers schémas. Comprendre un schéma comme tel c'est référer ce que l'on en perçoit à un tout plus complet et mieux organisé donc à une référence, à un cadre persistant dans la mémoire. Dès lors si la mémoire n'a rien conservé des formes initialement présentées, les schémas doivent apparaître comme des nouveautés; comme leur lecture n'est point toujours aisée, ils apparaîtront comme des données dépourvues de signification. Dans les grosses altérations mnésiques il faut donc s'attendre à rencontrer, déjà au niveau de l'identification des premiers schémas, des comportements particuliers. Ils se ramèneront soit à des perceptions réalistes, le patient voyant le schéma comme une forme en elle-même (figures géométriques, lettre, signe), soit à une négation de signification (cela ne représente rien, ne peut rien signifier, c'est rien du tout, on ne voit rien). Dans ce dernier cas le patient qui nie toute signification est cohérent, en fait il n'en peut déceler aucune, tout objet de référence étant sorti de son esprit. Lorsque au sous-test 2 on n'enregistre aucune référence sûre aux formes perçues au sous-test 1, on peut conclure à la régression mnésique massive et se dispenser de poursuivre si ce n'est par curiosité.

§ 6. *Les inventions et les évocations faites en double.* — On sait que l'expérimentateur doit relever avec soin, aux sous-tests 6 et 7 concernant l'évocation, les inventions et les données exprimées à deux ou trois reprises sans conscience de ces répétitions. Il est à remarquer que ces « doubles » et ces « faux » sont rares dans le groupe des 40 déments sur lesquels nous avons établi la courbe moyenne de rendement.

Cela se conçoit : la présence de doubles signifie que le sujet persévère dans la recherche évocatoire et que le recrutement est en tout cas assez intense si, par ailleurs, il est mal contrôlé par une mémoire « immédiate » des énoncés successifs. De même la présence d'inventions signale un processus actif mais engageant le souvenir sur de fausses pistes. Or, chez les déments, c'est cette tension évocatoire qui est faible et qui repose sur un cercle vicieux. D'une part le sujet ayant fixé peu de données, et le sentant d'une façon plus ou moins aiguë, est peu disposé à chercher (on renonce vite quand on pressent qu'on ne trouvera pas). D'autre part, il existe chez presque tous les déments un relâchement de la dynamique adaptative; ils n'ont pas envie de se mettre en état de chercher et d'autant moins qu'ils sentent avoir peu de souvenirs disponibles. Le nombre infime d'inventions s'explique de la même manière.

Voici les valeurs trouvées dans notre groupe de 40 sujets.

Absence de double	1 double présent	2 doubles	3 doubles
29 cas	7 cas	2 cas	2 cas
Absence d'invention	1 invention présente	—	—
38 cas	2 cas		

CHAPITRE II

Groupe des états oligophréniques

1. *Le profil moyen.* — Le groupe est constitué par 30 sujets âgés de 18 à 55 ans, ayant en commun les caractéristiques suivantes : impossibilité à effectuer une scolarité primaire normale, la majorité a suivi des « classes spéciales » pour enfants retardés, pas d'apprentissage professionnel et sans métier qualifié, emplois de manœuvres, résultats typiques à des tests employés conjointement avec l'épreuve P.R.M. et signalant une insuffisance notable de l'instruction élémentaire, des capacités opérationnelles, du pouvoir d'analyse et de synthèse. (Distribution des âges : C. 10 : 18 ans; C. 25 : 26 ans; C. 50 : 40 ans; C. 100 : 55 ans).

La figure 3 donne le profil moyen du groupe.

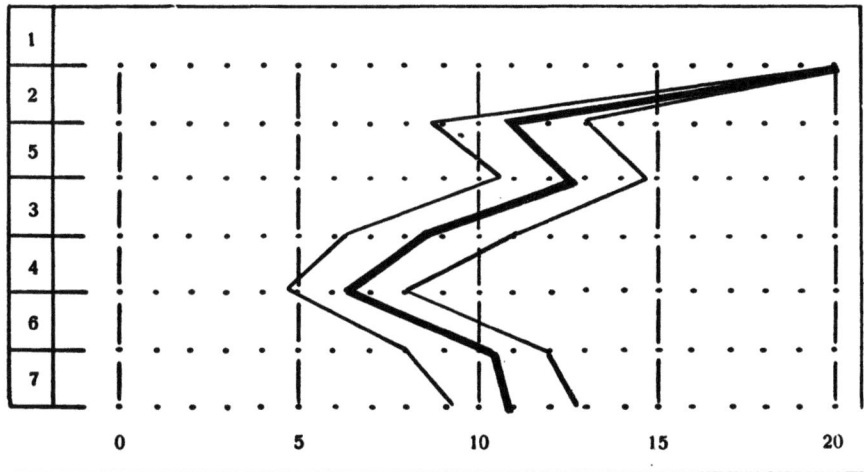

Fig. 3. Groupes d'états oligophréniques : profil moyen.

Voici les moyennes et variations moyennes trouvées pour chaque sous-test :

Sous-test	Moyenne	Variation moyenne
1	19,5	0,5
2	10,7	2,3
5	12,6	2
3	8,4	2,1
4	6,3	1,7
6	10,6	2
7	11,1	1,8

Quand on examine le profil moyen de ce groupe d'oligophrènes on est frappé par des caractéristiques différentes selon qu'on le compare au profil « limite de tolérance » pris comme repère général, ou au profil moyen d'autres groupes, celui des déments, par exemple.

Par rapport au profil « limite de tolérance », on remarquera surtout la profondeur de l'encoche située au niveau des sous-tests 3 et 4 et on a l'impression que cet accident est bien caractéristique du groupe comme l'était avant tout le faible niveau d'évocation pour celui des déments.

Si nous confrontons maintenant oligophrènes et déments, l'encoche paraît encore caractéristique du premier groupe. Mais ici il s'agit d'une illusion : c'est parce que chez les déments les rendements ne remontent pas aux sous-tests 6 et 7 d'évocation que leurs résultats très faibles, nettement plus faibles que ceux des oligophrènes aux sous-tests 3 et 4, ressortent moins.

En confrontant simultanément au repère général les deux groupes, on aboutit aux conclusions suivantes : les oligophrènes et les déments présentent tous deux un affaissement marqué aux sous-tests 3 et 4, les premiers moins que les seconds. Mais alors que chez les déments l'évocation reste très faible et que le profil global tend au nivelage vers le bas dès le sous-test 2, les oligophrènes manifestent une capacité d'évocation « remontante » qui contraste avec leurs difficultés à identifier les schémas. Encore que tout à fait relative, l'encoche du groupe oligophrénique est donc bien caractéristique d'une difficulté élective dans l'ensemble des activités mnésiques intervenant dans le test. Quelle est sa nature ?

Pendant longtemps nous avons cru que, comme les déments, les oligophrènes, en face des schémas, cédaient à la lecture directe dans le conflit qui oppose l'appréhension du dessin, selon la bonne forme la plus simple ou momentanément la plus prégnante et son appréhension en fonction du souvenir même qu'il doit rappeler. A l'appui de cette identité de mécanisme on pouvait relever dans les deux groupes un nombre important de perceptions des schémas conformes à cette hypothèse. Toutefois, à la réflexion, on remarque que chez les déments la faible fixation mnésique, manifestée par les sous-tests 6 et 7, vient à l'appui de cette explication tandis que les souvenirs relativement nombreux des oligophrènes s'inscrivent contre elle.

En effet, les déments ne se souvenant guère de ce qu'ils ont vu, ne disposant pas de traces mnésiques suffisantes pour aider à l'identification des schémas dans le sens de la perception passée, tendent à voir le schéma comme une nouveauté et à le percevoir pour lui-même selon la voie de moindre résistance. Les souvenirs précis des oligophrènes, atteignant presque à la limite de tolérance ne sont pas alors compatibles avec cette hypothèse et un autre mécanisme doit être envisagé. Nous pensons l'avoir saisi en confrontant les formes de réponses aux sous-tests 3 et 4 dans 4 groupes bien distincts de sujets : les déments, les oligophrènes, les alcooliques détériorés mnésiquement et les enfants de 5 ans qui nous fournissent un repère génétique.

Considérons tout d'abord la nature des réponses aux sous-tests qui nous intéressent. Lorsqu'il s'agit d'identifier les schémas, le sujet peut donner une réponse exacte; ou bien, déclarer qu'il ne se souvient pas de ce qu'il doit représenter (conscience d'un oubli); ou bien, il peut rapporter au schéma une donnée gardée en mémoire, ne convenant pas au schéma mais qui correspond à une autre donnée (fausse identification); enfin, il peut donner au schéma une signification ne convenant à aucune des données qu'il s'agit d'identifier; dans ce cas la perception se dissocie de tout effort de rappel; le schéma est saisi selon sa forme intrinsèque ou selon une analogie qui s'impose soudain (perception ou lecture directe).

Ces catégories de réponses nous paraissent correspondre à 4 processus.

Dans les réponses exactes la fonction du schéma est saisie : il rappelle le « schématisé » qui se reprojette sur lui. Dans l'oubli, la fonction du schéma serait également déterminante : le sujet sait qu'il n'a de signification qu'en fonction d'un « schématisé »; comme cette dernière donnée n'a pas laissé d'impression suffisante, que le schéma à lui seul est incapable de la restaurer, que d'autre part, la fonction du schéma écarte sa perception réaliste ou intrinsèque au profit d'une suggestion ou d'un rappel, il subsiste un vide qui est conscience d'un oubli. Toutefois, il n'est pas sûr que tous les sujets qui déclarent avoir oublié possèdent cette conscience nette d'une lacune. Les déments, par exemple, invoquent souvent l'oubli avant de le vivre psychologiquement. Ils utilisent ainsi une formule stéréotypée pour avouer leur impuissance ou pour se dispenser d'un effort. Il ne sera donc pas toujours facile de distinguer dans la catégorie des « réponses-oublis » ce qui est conscience d'une impuissance vécue de ce qui est arrêt devant un effort.

Dans les fausses identifications la fonction du schéma n'est plus opérante; c'est la mémoire qui agit d'une façon unilatérale. Le sujet se souvient en effet des données à identifier et il les évoque sans trop se soucier d'examiner si le schéma leur convient; la mémoire force le schéma, supprime sa fonction et se substitue à la réalité. Lorsque cette attitude est très marquée, le sujet qui énumère ce qu'il a en tête pourrait même ne plus regarder les schémas. Ce primat de la mémoire inajustée peut être moins prononcé : les souvenirs présents sélectionnent alors dans le schéma un élément pouvant à la rigueur, s'accorder à l'évocation, ligne, point, courbe, et les autres parties sont négligées. C'est ainsi la présence des souvenirs qui entraîne des décisions trop rapides à l'égard des schémas.

Enfin, dans la perception directe, ni la mémoire des données à identifier, ni la fonction rappelante du schéma n'interviennent. Les souvenirs sont trop vagues pour primer la perception et entraîner de fausses identifications, le schéma non perçu comme tel est impuissant à orienter vers un souvenir de quelque ensemble plus complet. Dans ces conditions, le schéma est saisi dans sa forme intrinsèque et avec sa signification la plus directe pour l'état momentané de la conscience.

Si toutes ces distinctions sont valables, il y a des catégories de réponses que l'on peut s'attendre à voir dominer dans certains groupes de patients alors que d'autres catégories seront peu représentées. Nous ne nous trouverons peut-être pas en présence de proportions très contrastées du fait, en particulier, que les déclarations d'oubli sont souvent ambiguës et que tous les patients peuvent les faire sans que nous puissions apprécier l'état de conscience qu'elles recouvrent. Cependant le problème est assez clairement posé pour que nous puissions examiner des chiffres et voir s'ils confirment ou contredisent nos hypothèses.

Dans le tableau suivant on trouvera le pourcentage de chaque catégorie de réponses sur la totalité des réponses du groupe. Chaque groupe comprenant 30 sujets appelés à réagir aux 20 schémas du sous-test 3; c'est à un total de 600 réponses par groupe qu'il faut rapporter les proportions (pour les enfants de 5 ans il n'y a que 20 sujets).

Proportion des 4 catégories de réponses sur un total de 600 réponses par groupe

Groupe	Réponses exactes	Oublis déclarés	Fausses iden-tifications	Perceptions directes
Démence	23,3 %	46,8 %	8 %	21,8 %
Oligophrénie	40,5 %	30,8 %	19 %	9,6 %
Amnésies éthyliques	26,1 %	58 %	6 %	9,8 %
Enfants de 5 ans	69,5 %	16,5 %	7 %	7 %

En complément de ce tableau nous pouvons ajouter que chez les oligophrènes nous ne trouvons que 3 % de sujets dont l'unique mode de réaction fut l'oubli déclaré; la proportion est de 6 % pour les déments, de 13 % chez les éthyliques et enfin de 10 % chez les enfants de 5 ans.

On n'a trouvé que 6 % d'oligophrènes n'ayant présenté aucune fausse identification contre 43 % chez les déments et les éthyliques et 25 % chez les enfants de 5 ans.

Enfin, 7 % d'oligophrènes, 5 % de déments, 9 % d'éthyliques et 40 % d'enfants de 5 ans n'ont pas présenté de perception directe à ce sous-test 3, choisi comme repère.

Voici les conclusions qui se dégagent de toutes ces données :

1. La chute de rendement observée au sous-test 3 (le sous-test 4 suit en l'accentuant) est la plus marquée dans le groupe des déments avec 77 % de réactions traduisant une incapacité à identifier les schémas; puis vient le groupe des amnésies éthyliques avec 74 %; nous avons ensuite les oligophrènes avec 60 %, enfin les enfants de 5 ans avec 31 %.

2. L'encoche caractéristique remarquée sur le profil moyen des oligophrènes résulte donc beaucoup moins d'un effondrement marqué aux sous-tests 3 et 4 que du relèvement relativement important qui s'opère au niveau des sous-tests intéressant l'évocation.

3. Dans l'incapacité à identifier les schémas certaines réactions se sont révélées typiques de certains groupes, alors que d'autres n'ont présenté aucun caractère spécifique à cet égard. Ainsi les fausses identifications sont presque constantes chez les oligophrènes et c'est dans ce groupe que leur somme est la plus élevée.

Il en est de même pour la somme des perceptions directes dans le groupe, bien que tous les oligophrènes n'en présentent pas, pour se rattraper d'ailleurs avec les fausses identifications.

C'est chez les oligophrènes que la somme des oublis déclarés est la plus faible et il est très rare, dans ce groupe, que l'incapacité à identifier les schémas se réduise à ce seul mode de réaction.

Celui-ci atteint sa plus grande fréquence, tant pour la somme des oublis que pour la proportion de sujets ne manifestant que cette forme de déficit, chez les amnésiques éthyliques où les fausses identifications sont au minimum.

Chez les déments les oublis déclarés sont également fréquents mais, à la différence de ce que l'on observe dans le groupe des amnésies éthyliques, où il y a conscience d'un oubli déterminé après effort de remémoration, la déclaration d'oubli précède très souvent la recherche ; c'est une anticipation d'échec, un aveu d'impuissance précédant l'effort mnésique infructueux.

4. Ce qui semble finalement bien caractéristique des états oligophréniques c'est l'erreur et non l'oubli, erreur présentant deux formes, les fausses identifications et les perceptions directes.

Le mécanisme dont relève chacune de ces formes a déjà été analysé. Pour les fausses identifications, des souvenirs relativement nombreux sont projetés sans discernement sur les schémas ; chez les oligophrènes une fixation mnésique relativement plus forte que dans les autres groupes représente la composante positive de cette forme d'erreur tandis que le faible impératif de la liaison schéma-schématisé en représente la composante négative.

Quant aux perceptions directes, ce n'est pas l'oubli des données qui, comme chez les déments ou les alcooliques entraînerait une vision du schéma selon sa forme intrinsèque (faute d'avoir retenu l'ensemble plus complexe dont il dérive), ce serait d'une part la nature et la forme de cette dérivation qui échapperait (aspect négatif) tandis que la prégnance visuelle et significative de la forme propre du schéma imposerait une lecture et une dénomination (aspect positif).

Ainsi l'oligophrène est tantôt incapable de confronter et d'opposer les caractères du réel à ses souvenirs, tantôt d'écarter ces mêmes caractères du réel et de les annuler au profit de ce que devrait et pourrait donner sa mémoire. Tantôt sa mémoire paraît boucher la perception, tantôt, et inversement, sa perception semble bloquer sa mémoire.

Il est clair que ce n'est pas l'intensité du souvenir ni l'acuité de la saisie visuelle qui instituent le défaut. Il doit résulter d'une incapacité à assurer l'interdépendance des deux processus. Dans l'identification exacte du schéma nous aurions la mémoire M et la perception P qui s'influenceraient selon la formule suivante :

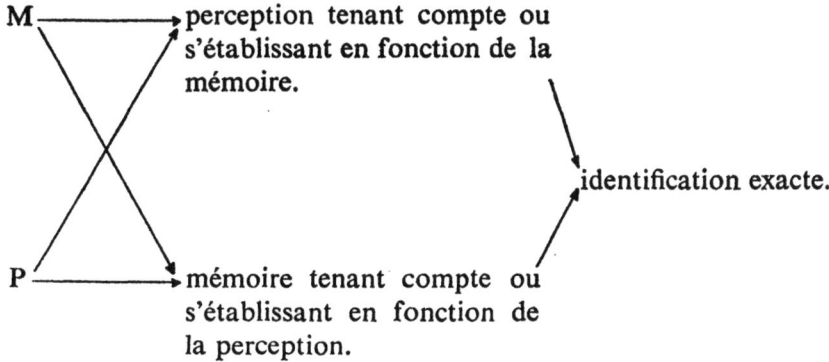

Chez l'oligophrène, par défaut d'interdépendance des deux processus, la formule deviendrait :

M————→mémoire ignorant la perception————→ fausse identification
P————→ perception ignorant la mémoire————→perception directe

§ 2. *Remarques sur les caractéristiques oligophréniques.* — Si nous nous tournons vers un ordre de conditions neuro-physiologiques qui soit vraisemblablement responsable des fonctionnements différents traduits par les deux schémas ci-dessus, nous ne pouvons faire, pour l'instant, qu'une seule hypothèse : alors que chez l'individu normal l'excitation en provenance de traces mnésiques doit diffuser dans le réseau nerveux et faciliter certains cheminements d'influx en provenance d'entrées relevant de la perception et amenant celle-ci à passer en quelque sorte par la mémoire tandis qu'inversement la mémoire passera par la perception, chez l'oligophrène, faute d'un réseau suffisamment fourni, suffisamment tendu ou fonctionnel, les traces mnésiques déterminent directement des efférences en balayant une modulation filtrante et restrictive venue de la perception, tandis que cette dernière conduit à des significations directes sans confrontation et critique d'ordre mnésique. Dans les deux cas, c'est l'insuffisance d'un réseau ne permettant ni diffusion ni recrutement qui serait en cause. Chez l'oligophrène les excitations peuvent être intenses, mais elles diffuseraient peu, ou alors irradieraient brutalement, pour suivre toujours, dans les deux cas, les circuits les plus courts ou les plus frayés.

Maintenant que nous connaissons un aspect essentiel du comportement oligophrénique dans le test P.R.M. introduisons des nuances et abordons quelques points de détail.

L'observation clinique appuie nos interprétations concernant l'attitude des oligophrènes aux sous-tests 3 et 4. On peut trouver des cas où le patient regarde à peine les schémas et débite un savoir sans se soucier de la correspondance souvenirs-schémas. Il ne s'agit pas toutefois d'une incompréhension de la tâche dans le sens d'une évocation se substituant simplement à une identification, car le sujet évoque ses souvenirs un à un et seulement à l'instant où on lui montre un schéma, la succession de ceux-ci entraînant celle de souvenirs non ajustés perceptivement.

Voici un bel exemple de cette attitude : dans la première colonne figurent les 20 schémas montrés successivement, schémas désignés par le schématisé correspondant; dans la deuxième colonne figurent les identifications données par le sujet (une femme de 27 ans, domestique, incapable autrefois de faire ses classes primaires, niveau de lecture et de calcul : 7 ans). Dans la troisième colonne on a porté les données évoquées au sous-test 6, avec leur numéro d'ordre dans l'évocation.

Schémas	Identification des schémas	Evocation
1. arbre	arbre +	
2. panier	soleil	
3. cerise	je ne sais pas	
4. chaise	soleil	
5. soleil	échelle	6 soleil

Schémas	Identification des schémas	Evocation
6. flèche	cerise	
7. échelle	bateau	2 échelle
8. bateau	lune	7 bateau
9. fleur	lune	
10. table	petit bateau	4 table
11. roue	hache	
12. clé	je ne sais pas	
13. pomme	lune	
14. maison	bateau	
15. escargot	hache	
16. chat	chat +	5 chat
17. main	main +	3 main
18. bougie	hache	
19. parapluie	la lune	
20. hache	je ne sais pas	1 hache

On remarquera que la patiente projette sur les schémas un savoir verbal que l'on retrouve intégralement au sous-test 6, concernant l'évocation. Le non-ajustement entre ce savoir et la perception est prononcé au point que les données « cerise, soleil, échelle, bateau, hache » fixées dans la mémoire sont évoquées en présence de schémas non correspondants alors que ceux-ci, lorsqu'ils sont abordés ne rappellent jamais la donnée fixée qui leur conviendrait. Les trois réponses « je ne sais pas » ne sont point aveu d'oubli après recherche, mais signalent plutôt que, prise de court, la patiente n'a rien présent à l'esprit. L'intoxication par le savoir verbal est telle que l'on a enregistré à l'évocation 5 données évoquées à double.

Voici un autre cas qui concerne les perceptions directes. Dans la première colonne figurent les 20 schémas, dans la deuxième les identifications données par une oligophrène de 42 ans, sans profession, n'ayant pu suivre les classes primaires, lisant comme un enfant de 7 ans, ne sachant pas additionner, donnant un centile de 0 à un test d'interprétation de dessins peu structurés et un centile de 5 à une épreuve de vocabulaire. Dans la troisième colonne on a porté la série des données qu'elle fut capable d'évoquer au sous-test 6; elles sont précédées de leur numéro d'ordre dans l'évocation.

On voit ici que des souvenirs, relativement nombreux, ont été complètement négligés ou bloqués au profit d'une perception directe des schémas. C'est le cas inverse du précédent : la perception a entraîné des formations sans que s'effectue le moindre contrôle, ni le moindre ajustement par les souvenirs.

Schémas	Identification des schémas	Evocation
1. arbre	je ne sais pas	—
2. panier	agrafe	—
3. cerise	points	10 cerise
4. chaise	traits	4 chaise
5. soleil	étoile	1 soleil
6. flèche	triangle	8 flèche
7. échelle	traits	—
8. bateau	étoile	2 bateau
9. fleur	rond	—
10. table	traits	3 table
11. roue	étoile	—
12. clé	lettre (k)	—
13. pomme	rond	11 pomme
14. maison	2 bâtons	7 maison
15. escargot	un 6	5 escargot
16. chat	des traits	—
17. main	traits	—
18. bougie	point virgule	—
19. parapluie	rond	6 parapluie
20. hache	un p	9 hache

Ces deux exemples montrent que les deux signes oligophréniques, fausse identification et perception directe, qui ne sont signes tels que lorsqu'ils sont nombreux et non trop mêlés à des déclarations motivées d'oublis, peuvent être complètement dissociés pour se présenter, dans certains cas, chacun à l'état pur.

Comme ils dépendent tous deux de la même cause, l'insuffisance fonctionnelle des circuits associatifs et celle de la « circulation-recrutement » qu'ils autorisent, il est clair que chez la plupart des patients oligophrènes les deux signes seront simultanément présents avec le signe complémentaire indispensable, soit l'absence ou la proportion faible des déclarations motivées d'oublis. Nous ne savons pas expliquer actuellement pourquoi chez ces infirmes de l'activité mentale les deux signes peuvent se trouver parfois dissociés à un degré tel que celui observé dans les deux exemples ci-dessus.

Il est légitime, maintenant, de retenir les fausses identifications et les perceptions directes qui peuvent se manifester dans les résultats de sujets tout venant, comme des signes discrets, si ces réactions sont rares, d'un niveau de développement intellectuel peu élevé, niveau pouvant coexister cependant avec un taux d'évocation tout à fait normal et même supérieur (ce taux d'évocation n'est-il pas déjà relativement bon chez les gros oligophrènes).

La règle toutefois ne sera pas absolue car il suffit parfois d'une motivation relâchée devant le test, de fluctuations dans l'effort de synthèse « souvenir-perception », pour qu'une fausse identification ou une perception directe se manifeste. Ces relâchements de tension mentale répondraient encore au mécanisme général invoqué; soit une diminution momentanée de l'activité « circulation-recrutement » à l'intérieur des réseaux neuroniques. Chez l'oligophrène elle ne se fait pas, chez le normal elle peut ne pas être activée et soutenue; dans les deux cas les résultats seront pratiquement les mêmes au degré près.

Il faut toujours se souvenir que si l'oligophrène ne peut pas « faire le normal », le normal, lui, sans difficulté, peut « faire l'oligophrène ».

§ 3. *Le rythme d'évocation.* — Quels renseignements pouvons-nous tirer de l'examen du rythme de l'évocation dans le groupe des oligophrènes? Voici les médians des distributions pour le taux d'évocation à la fin de chaque 30 secondes pour les normaux et pour les oligophrènes :

	30 sec.	60 sec.	90 sec.	120 sec.
normaux	9	12	13	14
oligophrènes	6	8	8	10

Si nous faisons abstraction de la somme évoquée, pour ne considérer que le rythme, on notera chez les oligophrènes une phase de stagnation de l'accroissement (que l'on retrouve également pour la valeur minimum et les quartiles inférieur et supérieur de la distribution).

Le phénomène, certes, est discret, et nous ne le relèverions pas si une certaine relation avec le comportement ne méritait pas d'être mentionnée. Il arrive en effet souvent que les oligophrènes, comme d'ailleurs aussi les déments et les jeunes enfants, après avoir évoqué un certain nombre de données, s'arrêtent et déclarent « il n'y en a plus, je ne me rappelle de plus rien ». Autrement dit, dès que le premier flux de souvenirs baisse, ils abandonnent la recherche ; leur déclaration est plus une manière de se dérober devant un effort nécessaire, que la constatation que cet effort est improductif (même attitude que devant l'identification des schémas). Si l'on passe outre, si on les encourage à persévérer, en l'exigeant au besoin, on obtient encore des données grâce à cette discipline imposée.

Cet aveu précoce d'épuisement du souvenir est beaucoup plus rare chez les sujets normaux. Jamais ils n'emploient l'expression « il n'y en a plus » qui laisse entendre que l'évocation, mal située et jugée par rapport à un souvenir lui-même très vague de l'appréhension quantitative globale passée de l'ensemble, a épuisé cet ensemble.

L'individu normal a surveillé son évocation, il sait que par rapport à la collection entrevue des données il est encore loin de compte et il cherche toujours. Il semble d'ailleurs que cette attitude soit d'autant plus nette que l'individu est mieux différencié intellectuellement et que, fait paradoxal, son évocation et sa mémoire sont meilleures.

§ 4. *Évocations en double et fausses évocations*. — Cette remarque sur l'abandon évocatoire précoce chez les oligophrènes nous conduit à considérer et expliquer chez eux la présence des évocations faites à double ou à triple. Voici les valeurs trouvées dans ce groupe de 30 sujets :

Absence de double,	1 double présent,	2 db.	3 db.	4 db.	5 db.
10 cas	7	5	4	2	2
Absence d'invention	1 invention	2 inv.			
24 cas	5	1			

Alors que chez les 40 déments 23 % seulement des sujets présentent une évocation à double ou plus, la proportion atteint les 65 % chez les oligophrènes. Ce n'est certainement pas dû au fait que les déments se contrôlent mieux, mais plutôt à l'impossibilité dans laquelle se trouvent beaucoup d'entre eux de prolonger un effort dont la nature et l'objet cessent rapidement de les occuper.

En effet, le dément fortement détérioré retombe dans ses ruminations ou répond aux sollicitations de l'entourage perceptif dès qu'il est livré à lui-même; il perd ainsi l'attitude évocatrice autant qu'il y renonce, si bien qu'au cours des 2 minutes que dure l'évocation il y a de longs moments où il est ailleurs et nos objurgations atteignent souvent un individu qui n'est plus orienté sur la tâche et qui devra retrouver de quoi il s'agit plus que reprendre une évocation dont il éprouve l'arrêt ou l'épuisement. Chez les oligophrènes le processus est tout différent : ils n'ont pas perdu de vue la tâche, bien au contraire, ils y renoncent ou la repoussent parce qu'elle devient difficile. Lorsqu'on les oblige à la reprendre ils sont encore bien situés vis-à-vis de l'activité et comme ils vivent dans l'immédiat, que le souvenir de ce qu'ils viennent d'évoquer ne peut guère, de par ces propriétés qui nous paraissent caractériser leur physiologie, affecter beaucoup leur champ de conscience actuel, ils sortent à nouveau les souvenirs les plus impérieux.

Leur mémoire ne se contrôle pas plus elle-même qu'elle ne contrôle, ainsi que nous l'avons vu pour l'identification des schémas, la perception et qu'elle n'est contrôlée par elle. Dès lors les « doubles » viennent souvent en abondance et apparaîtraient en surabondance si on ne faisait pas chaque fois la remarque que l'évocation a déjà été faite. C'est au cours de ces reprises que de nouvelles évocations apparaissent pour venir augmenter, en période finale et après la phase centrale de stagnation, le nombre des souvenirs distincts.

§ 5. *Quelques réserves.* — En ce qui concerne l'épreuve de recognition qui termine la prise normale du test P.R.M. nous devons déplorer de ne l'avoir pas suffisamment appliquée dans notre groupe d'oligophrènes. Les quelques résultats dont nous disposons montrent que la règle du dépassement de la recognition sur le taux d'évocation est largement respectée mais que le nombre de fausses recognitions est en général élevé.

Pour terminer, une réserve que d'aucuns auront déjà faite : le profil moyen des oligophrènes est fondé sur une trentaine de cas bien caractéristiques : des adultes n'ayant pu être instruits au minimum, n'ayant pu faire d'apprentissage, fortement débiles sur le plan opérationnel, cependant tous capables de gagner leur vie dans des emplois des plus modestes.

Notre groupe ne caractérise donc qu'une tranche dans l'échelle de l'infirmité intellectuelle; dans le bas sont exclus les cas d'imbécillités et de grosses débilités mentales excluant toute autonomie sociale, vers le haut sont retranchés tous les débiles légers qui eurent le plus souvent des difficultés scolaires relatives, qui firent parfois des apprentissages et qui arrivèrent, à l'occasion, à occuper des postes où l'on est surpris de les voir se maintenir.

Notre groupe relatif aux débiles socialement autonomes et n'ayant pas dépassé un niveau d'instruction de 8 à 9 ans, ne représente donc pas la série complète des retards intellectuels tout en affirmant, croyons-nous, des caractéristiques pouvant se trouver tantôt plus accusées, tantôt atténuées, selon qu'on s'écarte vers les extrêmes.

En particulier, on ne commettra pas l'erreur d'exclure un état oligophrénique chez des patients qui ne présenteraient pas les caractéristiques de la courbe moyenne de notre groupe et qui même donneraient des résultats tout à fait normaux au test P.R.M.

Cette épreuve n'est pas assez sensible pour détecter tous les cas de débilité intellectuelle et il est des intelligences très limitées qui jouissent d'une excellente mémoire. Le diagnostic d'oligophrénie s'appuie très avantageusement sur le test mais demeure une question de clinique.

§ 6. *Critères génétiques fournis par un groupe d'enfants de 5 ans.* — Les résultats des jeunes enfants vont nous montrer ce que l'on peut imputer au seul état d'immaturité mentale physiologique, ce qui nous permettra de mieux faire ressortir les caractères propres des groupes pathologiques, déments et oligophrènes.

Une vingtaine d'enfants âgés de 5 ans à 5 ans 11 mois furent soumis à l'épreuve P.R.M. Le test étant long, le sous-test intéressant l'évocation différée fut supprimé. Voici les moyennes trouvées :

Sous-test	Moyenne	Variation moyenne
1	19	1
2	11,9	2
5	15	1,3
3	13	1,9
4	11,7	2,4
6	7,3	2,3

Avec ces chiffres nous avons construit le profil moyen du groupe représenté à la figure 4.

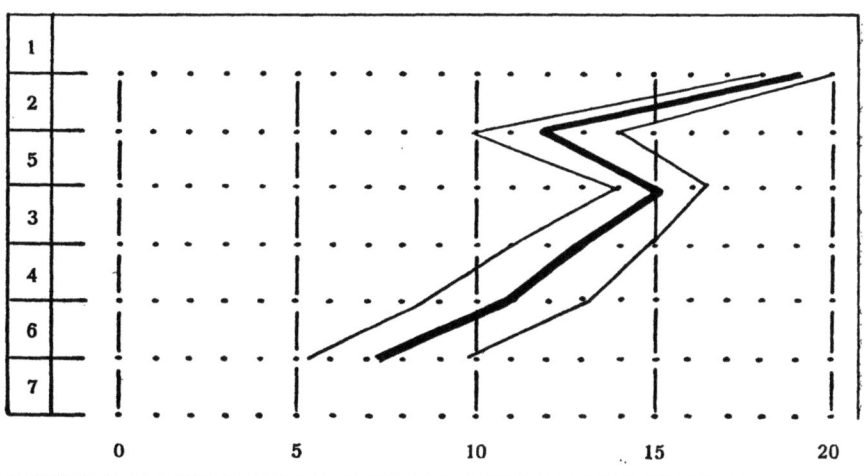

Fig. 4. Enfants de 5 ans : profil moyen

Les faits suivants peuvent être dégagés de la confrontation de ce profil avec celui du groupe des déments et des oligophrènes :

Le profil moyen des enfants de 5 ans se situe à un niveau nettement supérieur à celui des déments et des oligophrènes, sauf en ce qui concerne l'évocation libre où les enfants, supérieurs aux déments, sont, par contre, très nettement inférieurs aux oligophrènes. Les petits sont donc relativement peu gênés par les schémas qui facilitent plus qu'ils ne troublent l'identification des données.

Ces schémas disparaissant, le rendement chute à l'évocation libre. C'est exactement le contraire de ce qui se produit avec les oligophrènes et avec les déments qui sont beaucoup plus sensibles au conflit s'installant entre les souvenirs et la perception de schémas destinés à les rappeler.

L'enfant de 5 ans utilise donc mieux les schémas, il est sensible à leur fonction rappelante et il tend plus à les percevoir en fonction de la perception passée des données que comme faits nouveaux quelque peu déroutants. On ne peut dire que cela est dû au fait qu'il a une meilleure capacité de fixation puisque son évocation libre finale est faible, beaucoup plus faible en tout cas que celle des oligophrènes. Il faut donc envisager un autre mécanisme et l'on peut se demander s'il ne faut pas le rechercher, en accord avec les hypothèses formulées jusqu'ici, dans les propriétés de réseaux neuroniques où l'excitation tend à diffuser largement et à se répartir jusqu'à atteindre facilement les zones activées par les perceptions passées.

Ainsi, à partir d'un schéma le processus afférentiel actuel rejoindrait les traces des processus afférentiels concernant un passé récent et le schéma serait alors nettement rappelant. Chez l'oligophrène et chez le dément cette diffusion ne se faisant pas ou se faisant mal, le processus afférentiel reste circonscrit autour des significations les plus immédiates du schéma, sur sa forme propre, pourrait-on dire; au lieu d'être rappelant il est directement et impérativement signifiant, ce qui exclut, en retour, toute diffusion vers quelque trace du passé récent. Mais il y a probablement plus : l'enfant de 5 ans n'a pas encore automatisé une foule de formes simples, celles des chiffres et des lettres, par exemple. Chez les déments et les oligophrènes ces habitudes perceptives sont beaucoup plus coercitives. L'afférence perceptive venant du schéma éveille ces modèles et y adhère fortement, ce qui empêche la diffusion vers les impressions passées, et cela, par ailleurs, à travers un réseau neuronique de mauvaise qualité. Ainsi l'enfant, d'une part, est plus libre, d'autre part il irradierait beaucoup mieux les excitations dans ses circuits cérébraux.

Comment expliquer maintenant la position inférieure de l'enfant, en matière d'évocation, infériorité que nous retrouvons d'ailleurs jusque vers 10 ans, si l'on veut bien se reporter aux étalonnages que nous avons donnés.

Pourquoi les enfants évoquent-ils mal et d'autant moins bien qu'ils sont plus jeunes?

Il faut exclure, semble-t-il, la solidité des impressions et traces laissées par l'expérience ainsi que la facilité de circulation dans les réseaux qui sont autant de caractéristiques de plasticité et de santé propres à la jeunesse. Nous nous demanderons plutôt s'il n'existe pas une conduite évocatoire essentielle, lente à se constituer, qui chez l'adulte est devenue une véritable habitude mentale alors que chez l'enfant elle n'est encore qu'en voie de développement. Cette vue s'appuie sur une caractéristique de la mentalité enfantine concernant la prise d'information. Lorsqu'on demande à de jeunes enfants de décrire ce qu'ils voient, un objet tout simple, par exemple, et d'en énumérer tous les aspects perceptifs, on est frappé par la nature et la forme des qualités et des propriétés saisies.

Tout se passe comme si les petits se limitaient à additionner d'infimes détails sans jamais les réunir en un état d'ensemble ou sans les référer à une structure englobante ou portante. Ainsi les sujets de 5 à 6 ans signaleront, par exemple, devant un objet troué, strié, taché, tous les petits trous, toutes les stries et chaque tache découverts; ils n'en omettent aucun au point qu'on peut se demander si l'objet ne se ramène pas à une juxtaposition d'accidents plus qu'à une structure bien définie simplement porteuse de détails dont l'individualité disparaît au profit d'un effet global tel que l'état troué, strié ou taché [1].

Cette attitude qui explique certaines particularités de la pensée du jeune enfant joue certainement un rôle sur le plan mnésique évocatoire.

En effet, lorsque nous évoquons les éléments d'une collection, comme c'est le cas dans le test qui nous retient, tout se passe comme si nous avions présente à la conscience une structure d'ensemble, une totalité qui a pour caractère essentiel d'être composée. C'est cet objet bien défini du point de vue générique, et que chacun signalera sans difficulté en disant qu'il s'agit d'une collection de petits dessins à spécifier simplement dans ses détails. En d'autres termes, au moment de l'évocation, la totalité, la structure d'ensemble estompée de tous ses éléments ou accidents, pourrait-on dire, préexiste pour la conscience et c'est elle qui pousse, qui contraint même à détailler, à évoquer successivement les données particulières qui rempliront ce cadre cognitif, lui-même inséré, comme nous l'avons déjà vu, dans un cadre spatio-temporel plus large qui situe l'événement perceptif initial.

Or, si les jeunes enfants sont longtemps incapables de percevoir les détails, les éléments, comme simples particularités d'une structure porteuse et englobante essentielle, transcendant l'accidentel des détails, il est clair que ce même mode de fonctionnement va se retrouver sur le plan mnésique. Ainsi la première ligne du test P.R.M. ne va guère leur apparaître comme une collection de dessins alignés, non qu'ils ne voient pas cette disposition, mais plutôt parce qu'ils n'en font pas une démarche de connaissance préalable essentielle.

Ils ne retiendront dès lors qu'une succession d'accidents disparates non réunis en une classe, celle d'un objet dont il convient d'énumérer consciencieusement les facettes. On peut alors comprendre que dans ces conditions le taux d'évocation enfantin soit réduit.

L'individu qui a présent à la conscience l'objet porteur-englobant

---

[1] Voir A. Rey, Prise d'information et Psychologie de l'enfant, *Archives des Sciences*, Genève, 1965, 18, 476-484.

peut le tourner et le retourner, en faire un pivot auquel il revient sans cesse ne laissant exister les détails retrouvés que comme données subordonnées, contenues et non envahissantes. Quand on demande aux jeunes enfants, qui ne disposent pas de cet incitateur-guide, ce qu'ils ont vu, ce sont des détails, coupés les uns des autres qui reviennent chacun emplissant trop la conscience au moment de sa venue et empêchant ainsi, par la place mentale qu'ils prennent, d'apercevoir une suite et des prolongements. On pourrait dire encore que l'évocation est faite sans recul par rapport à l'ensemble à évoquer et que, de ce fait, chaque venue mnésique de détail, accaparante comme un tout, retarde et bloque quelque peu la venue des autres éléments.

Il conviendrait de savoir maintenant comment le mode fonctionnel infantile disparaît progressivement. Il suffit de constater que l'enfant progresse continuellement dans sa capacité à négliger toujours plus le détail infime, le contingent, l'accidentel au profit de caractères toujours plus génériques créateurs de classes, de catégories, de normes, de fonctions transcendant le particularisme, voire le micro-particularisme des choses. Sous l'effet du langage, de l'expérience, de la répétition manifestant la redondance des détails, il en vient ainsi à négliger de plus en plus ces derniers au profit de vues plus larges et plus structurantes qui, en retour, confèrent aux détails mêmes leurs subordinations et leurs limites.

Il n'y a dès lors plus de difficulté à comprendre qu'au cours de son développement l'enfant évolue d'une évocation incapable de saisir comme un tout une collection, un récit ou une structure, dont la mémoire devra énumérer les constituants, vers une évocation où la conscience saisit une totalité transcendant les éléments à restaurer. Mais cette évolution ne se fait pas en un jour et si nous nous fondons sur nos étalonnages ce n'est que vers l'âge de 12 ans environ que les médianes des distributions se superposent à celles des adultes pour le pouvoir évocatoire, alors que pour les autres sous-tests cet alignement se réalise beaucoup plus tôt.

§ 7. *Évocation juvénile et évocation pathologique.* — Si nous revenons au plan pathologique et si nous confrontons l'évocation chez les enfants de 5 ans, chez les déments, chez les oligophrènes et chez les amnésiques non déments, nous pouvons, en forçant légèrement, énoncer les propositions suivantes :

a) Chez les enfants les souvenirs-éléments sont consistants mais la conscience est encore incapable de poser le substratum cognitif porteur et englobant de ces éléments, d'où un taux d'évocation relativement bas.

b) Chez les déments fortement détériorés les souvenirs-éléments et le substratum cognitif de centration portante et englobante sont tous deux atteints, d'où le taux d'évocation le plus bas.

c) Chez les gros amnésiques non déments, chez certains « Korsakoff » par exemple, ce sont les souvenirs-éléments, complètement évanescents, qui ne peuvent revenir, les patients pouvant, par contre, décrire l'objet, en quelque sorte abstrait, la collection comme telle, dont il faudrait pouvoir retrouver les caractères ou la composition. Dans un tel cas l'évocation des constituants peut être presque nulle.

d) Chez les oligophrènes enfin, il semble que nous retrouvions les caractéristiques des petits enfants à cette différence toutefois que nous comparons des êtres très jeunes à des adultes, limités certes, mais ayant tout de même un langage et des expériences plus solides, d'où, évidemment, plus d'aisance pour percevoir et fixer des détails en les arrimant au langage et à l'action, d'où des souvenirs élémentaires plus impérieux et nombreux que ceux de l'enfant mais mal référés à une disposition d'ensemble.

Nous relèverons encore, pour corriger l'aspect un peu caricatural de ces propositions, que des exceptions se manifestent, des différentielles psychologiques ou psycho-physiologiques individuelles intervenant chez l'un ou l'autre représentant de ces divers groupes. Ainsi nous avons rencontré soit de très jeunes enfants, soit des oligophrènes, répondant à nos critères pragmatiques, qui se distinguaient par une capacité élevée d'évocation. Il semble que, dans ces cas, l'on soit surtout en présence de traces mnésiques particulièrement bien insérée au moment de l'expérience et que leur solidité dispense presque les individus de développer leur évocation en un processus relativement compliqué.

§ 8. *Le rythme d'évocation et la recognition chez les jeunes enfants.* — Voici les valeurs médianes trouvées pour le rythme d'évocation chez les petits de 5 ans.

	30 sec.	60 sec.	90 sec.	120 sec.
Adultes primaires :	9	12	13	14
Enfants de 5 ans :	4	5	6	7

C'est dans le groupe d'enfants que le rythme d'évocation fut le plus régulier et à échelons les plus courts. Les données évoquées viennent goutte à goutte, pourrait-on dire, ce qui est assez en accord avec l'idée que l'enfant ne dispose pas, au début de l'évocation, d'un ensemble cognitif sur lequel il puisse se centrer pour en épuiser, au cours de la première minute, la majorité des traits les plus saillants. Le recrutement et l'émission des souvenirs se prolonge pendant toute la durée du temps alloué pour évoquer, mais en partie, grâce aux encouragements et aux fréquents rappels de l'expérimentateur, car les petits, eux aussi, après avoir retrouvé trois ou quatre données, sont prompts à déclarer « qu'il n'y a plus rien ». Toutefois on ne sollicite pas en vain leur mémoire, comme chez les déments et les amnésiques qui n'évoquent plus rien après le premier jet.

La présence des doubles et des inventions se distribuent de la manière suivante à 5 ans :

absence de doubles 13 cas	1 double présent, 2	2 db. 2	3 db. —	4 db. 2	8 db. 1
absence d'invention 15 cas	1 invention 4	2 inv. 1	3 inv. —		

Par rapport à ce que l'on peut observer dans les groupes pathologiques, ces valeurs ne révèlent rien de particulier.

Enfin, voici un dernier résultat du plus haut intérêt :

A l'épreuve de recognition les résultats sont excellents chez les enfants de 5 ans qui ne se différencient pas des adultes primaires.

Voici les valeurs quartiles de la distribution des résultats :

Centiles	0	25	50	75	100
Nombre de recognitions exactes	18	18	19	20	20

Quant aux fausses recognitions, nous n'avons rencontré, sur les 20 sujets examinés, que 2 enfants avec 2 fausses recognitions chacun. Ces chiffres suffisent largement à montrer la parfaite santé des traces mnésiques formées par les petits, dès qu'on leur donne le guide et l'appui extérieur nécessaires chez eux pour les manifester.

Par opposition, la faiblesse du pouvoir évocatoire volontaire juvénile ressort et il faut bien admettre qu'une caractéristique du jeune enfant est son incapacité à utiliser volontairement une mémoire brute excellente.

CHAPITRE III

Groupe des détériorations mnésiques dans l'éthylisme chronique

§ 1. *Le profil moyen*. — Nous avons examiné un groupe important de patients alcooliques à l'aide du test P.R.M. en distinguant deux catégories de malades :

a) Sujets présentant sûrement ou présentant, selon toute probabilité, une détérioration mnésique.

b) Sujets dont les rendements, situés au-dessus de la limite de tolérance pour l'évocation, ne permettent pas d'envisager, à coup sûr, une déchéance de la mémoire.

Nous n'examinerons ici que les patients de la première catégorie. La majorité de cette population d'éthyliques concerne des individus hospitalisés pour une cure de désintoxication; ils furent toujours examinés plusieurs jours après leur installation à l'hôpital.

Voici les moyennes et variations moyennes trouvées pour chacun des 7 sous-tests :

Sous-test	Moyenne	Variation moyenne
1	19,5	± 0,5
2	8,5	2,5
5	10,5	3,0
3	7	3,3
4	5,3	2,5
6	6,2	3,0
7	5,2	3,4

Ces valeurs permettent de construire la figure 5 qui donne le profil moyen du groupe (40 sujets, de 32 à 68 ans; quartilage des âges : C. 25 : 45 ans; C. 50 : 55 ans; C. 75 : 59 ans).

Par rapport à la limite de tolérance et, a fortiori, par rapport au profil moyen des adultes primaires, celui des éthyliques chroniques est complètement et fortement décalé sur la gauche : dès le sous-test 2 les rendements deviennent très inférieurs. On notera cependant que le fuseau de variation moyenne est plus large que dans les groupes examinés jusqu'ici. Ces malades forment donc un ensemble aux caractéristiques quantitatives moins homogènes; ainsi nous pouvons avoir aux épreuves d'évocation (prise comme critère de détérioration pour constituer le groupe), des rendements atteignant presque la limite de tolérance avec 10 données sur 20, alors que les souvenirs se sont révélés nuls chez d'autres patients.

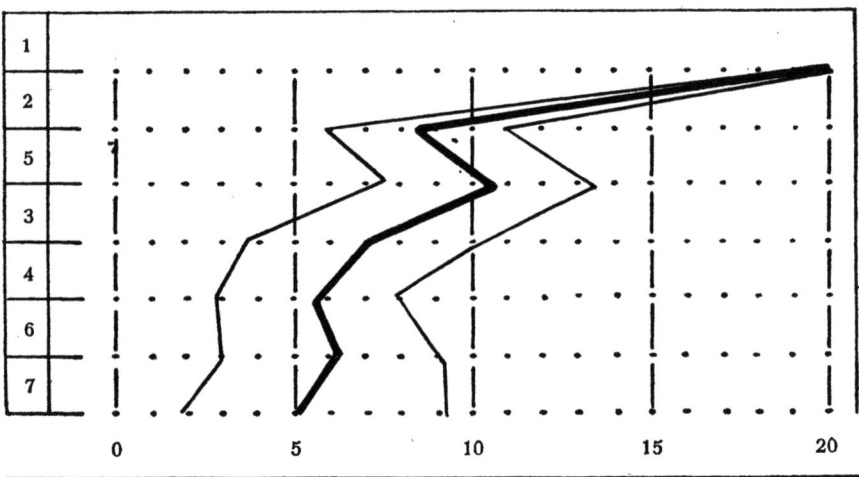

Fig. 5. Groupe de détériorés mnésiques dans l'éthylisme chronique : profil moyen.

Par rapport au groupe des oligophrènes, l'encoche caractéristique des sous-tests 3 et 4 n'apparaît pas, bien qu'en chiffres absolus les valeurs soient moins élevées. Cela est dû au fait que les rendements ne se relèvent pas aux sous-tests 6 et 7, d'évocation.

Par contre, par rapport au groupe des états démentiels, le taux des identifications aux sous-tests 3 et 4 est nettement supérieur, sans que cela implique une capacité finale d'évocation beaucoup plus élevée. On voit même le rendement moyen, à l'évocation différée, accuser au sous-test 7 un fléchissement final.

Ce qui caractérise les éthyliques chroniques détériorés, par rapport aux deux groupes déjà analysés, c'est ce que nous appellerons « l'oubli consciemment vécu comme non-aboutissement d'un effort réel ». Il en résulte deux signes de valeur que l'on observe lors de la passation individuelle du test : 1. un effort réel de remémoration, le patient pouvant souvent s'emporter contre lui-même devant son impossibilité à évoquer; 2. une prise de conscience, souvent pénible, à la fin du test, de la détérioration mnésique; on relève des propos tels que « ben, j'aurai pas cru!... qu'est-ce qui m'arrive!... c'est pourtant pas difficile!... dire que j'aurais fait ça facilement autrefois!... », etc.

Jamais on n'accuse le test d'être fatigant, ou stupide, ou injurieusement scolaire, jamais on ne se plaint de ses yeux, de sa santé ou de son âge ainsi que les déments, jamais non plus on n'arrête l'évocation pour déclarer « voilà, c'est tout, il n'y en a plus », comme chez les oligophrènes.

L'alcoolique se heurte plutôt à sa détérioration mnésique avec un certain étonnement qui, parfois, implique de l'angoisse.

Inversement ceux qui ne sont pas ou qui sont peu détériorés accusent un certain soulagement, tout en notant aussi quelquefois « j'aurais quand même mieux réussi il y a quelques années ».

§ 2. *Le rythme d'évocation.* — Que nous révèle le rythme de l'évocation? Voici les valeurs médianes des distributions pour la somme des données évoquées chaque 30 secondes :

	30 sec.	60 sec.	90 sec.	120 sec.
Normaux	9	12	13	14
Alcooliques	4	6	7	7

Ce rythme, bien différent de celui des individus normaux, a la même allure que celui trouvé pour le groupe des déments. Après un premier et faible flux de souvenirs, l'évocation stagne; mais alors que dans le groupe des déments ce sont surtout les sujets perdant de vue la tâche évocatrice demandée qui influencent le plus l'arrêt de la progression, chez les alcooliques détériorés, la tâche exigée demeurant présente à l'esprit, c'est l'amnésie consciente qui intervient avant tout. Comparé maintenant à celui des oligophrènes, le rythme évocatoire des alcooliques détériorés fait bien ressortir à nouveau la particularité propre aux infirmes du développement intellectuel, soit cette reprise finale de l'évocation après abandon précoce de l'effort, reprise dépendant d'une discipline et d'une coercition venues de l'extérieur.

§ 3. *Évocation à double et inventions.* — Les valeurs suivantes donnent des indications sur la présence des évocations faites à double et des inventions dans le groupe des alcooliques :

Absence de doubles	1 double présent	2 db.	3 db.	6 db.
22 cas	4 cas	6 cas	2 cas	1 cas

Absence d'inventions	1 invention	2 inv.	3 inv.
17 cas	9 cas	5 cas	4 cas

Se distinguant à nouveau des oligophrènes, les alcooliques, comme les déments, font relativement peu d'évocations à double. On ne les rencontre que dans les 27 % des cas. Ils n'ont pas cette impulsivité du souvenir brut typique des infirmes du développement intellectuel; ils ne sont pas non plus détournés de leur effort stérile de remémoration par de nouvelles perceptions ou de nouvelles tâches; ils repensent intérieurement ou à voix basse leur faible contingent de souvenirs sans pouvoir y ajouter beaucoup et cette répétition intérieure assure comme un contrôle constant de l'évocation. Par contre, la présence des inventions paraît caractéristique chez les alcooliques détériorés.

Chez les déments elles sont absentes dans les 95 % des cas, dans les 80 % chez les oligophrènes et seulement dans les 50 % des cas chez les alcooliques. Cette progression des inventions ne saurait être un effet du hasard; elle s'explique au contraire fort bien par les mécanismes que nous avons cru pouvoir invoquer.

Chez les déments, l'adynamie mentale, l'incapacité à soutenir une « circulation-recrutement » dans les réseaux mnémoniques explique facilement l'absence presque totale d'invention qui suppose des recrutements erronés. De même chez les oligophrènes, quoique à un moindre degré, les inventions seront rares car elles supposent une activation irradiant bien au-delà des souvenirs présents qui, dans ce groupe, on le sait, tendent à se constituer en demeurant coupés du fond mental général et des activités perceptives pour se manifester d'une façon tyrannique (d'où l'abondance des doubles dans ce groupe). Chez les alcooliques, les inventions, tant par leur présence en général que par leur fréquence chez certains individus, témoignent d'un recrutement erroné étendu et soutenu, donc d'une circulation assez intense dans les réseaux cérébraux ce qui cadre bien avec tout ce que nous savons de ce groupe, qui maintient longtemps l'effort d'évocation et réalise la prise de conscience des faits d'oublis. Nous nous acheminons ainsi à une systématisation qui proposerait la gradation suivante :

a) Chez les déments c'est la composante de frayage-surimpression, la composante de durée des traces mnésiques, et celle de circulation-recrutement qui sont simultanément atteintes.

b) Chez l'oligophrène c'est avant tout la circulation-recrutement qui est manifestement déficitaire.

c) Chez l'alcoolique détérioré ce serait surtout la persistance des traces dans les circuits qu'il faudrait incriminer.

§ 4. *La recognition*. — Que tirons-nous maintenant du sous-test de contrôle intéressant la recognition ? Les cas auxquels nous avons pu appliquer cette manœuvre finale ont confirmé ce que nous connaissons déjà du rapport évocation-recognition : le dépassement du taux de recognition sur celui d'évocation est le plus souvent spectaculaire. Voici les résultats fournis par 5 malades adultes, hommes, affirmant tous une forte détérioration au test P.R.M.

	Cas n. 1	2	3	4	5
Nombre de données évoquées au sous-test 7	0	1	3	5	5
Nombre de données reconnues	8	15	18	17	18
Nombre de fausses recognitions	0	2	5	1	2

La présence de fausses recognitions est fréquente comme on le voit, mais non nécessairement liée à la capacité brute à reconnaître (cas 1).

Lorsque le nombre de fausses recognitions s'élève et atteint au moins la moitié des recognitions exactes, on sera toujours prudent pour apprécier la capacité à reconnaître ; il pourrait s'agir en effet d'une tendance à répondre affirmativement à toutes les données présentées, d'où impossibilité de juger sainement du taux réel de recognitions exactes.

§ 5. *Remarques à propos de l'évolution d'un cas.* — Il est intéressant de suivre l'évolution des troubles mnésiques chez les alcooliques relativement jeunes et soumis à un traitement de longue durée. Voici une observation concernant une femme de 32 ans, employée de bureau, d'un niveau intellectuel relativement bon. Elle présentait au moment de son hospitalisation un gros syndrome de Korsakoff et une cirrhose alcoolique. Cette malade a été soumise, en 1956, 5 fois, au test version « sapin », de mars à septembre. Le tableau ci-dessous donne les valeurs enregistrées aux 7 sous-tests.

Sous-test	1956; série « sapin », réapprentissages successifs					1962 (cloche)	1965 (peuplier)
	mars	mai	juin	juillet	septembre		
1	20	20	20	20	20	20	18
2	8	14	14	15	16	17	18
5	6	15	15	18	18	18	16
3	3	11	16	17	18	15	12
4	3	11	13	15	17	14	9
6	4	2	5	13	12	7	6
7	2	4	9	9	11	3	1

Lors des 3 premières répétitions la malade n'avait pratiquement aucun souvenir du test. Elle savait qu'elle avait été soumise à des examens mais ne pouvait décrire les épreuves. A partir de la troisième répétition, un souvenir subsista et, à la vue de la formule, elle pouvait dire que le test intéressait la mémoire. Si nous examinons les rendements successivement enregistrés nous voyons que la restauration fonctionnelle intéresse les sous-tests dans l'ordre suivant : 5, 2, 3, 4, 6 et 7.

Malheureusement, 5 ans plus tard, après une période d'abstinence relativement longue avec reprise d'une certaine activité professionnelle, la patiente recommença à s'intoxiquer. L'examen de la mémoire avec une série équivalente (cloche) accusa à nouveau un déficit considérable portant principalement sur les mécanismes d'évocation. Après traitement et nouvelle rémission des principaux troubles, la patiente quitte l'hôpital. Sa toxicomanie persiste plus ou moins; une grosse récidive en 1965 nous la ramène et nous enregistrons, à nouveau, des troubles mnésiques considérables où l'évocation différée est à peu près nulle.

Ainsi ce sont les mécanismes d'évocation, et particulièrement l'évocation différée, qui mettent le plus de temps à se reconstituer et qui se retrouvent les plus altérés lors de la reprise des habitudes toxiques. L'étude de plusieurs cas, où nous avons pu suivre, chez des patients éthyliques relativement jeunes, une restauration de la mémoire, vient donc confirmer les propriétés de la courbe moyenne du groupe.

CHAPITRE IV

Groupe des encéphalopathies post-traumatiques

§ 1. *Le profil moyen*. — Si ce groupe est homogène par le syndrome subjectif post-commotionnel, où figurent presque invariablement des plaintes concernant la mémoire, il est très hétérogène quant au degré des troubles objectifs. En effet on y trouve des patients dont la mémoire est nettement diminuée, parfois gravement, et d'autres malades dont les capacités mnésiques ne se révèlent pas altérées aux examens de routine. Ces derniers sujets souffrent en réalité d'autres troubles où diverses formes d'hyperfatigabilité se situent au premier plan.

Dans ces conditions il serait absurde de mêler les résultats de deux sous-groupes aussi différents pour établir le profil moyen de rendements mnésiques, visant une étude qualitative des rapports entre sous-tests. Nous traiterons donc les deux sous-groupes séparément.

Dans le premier nous avons réunis 48 cas où la mémoire s'est montrée altérée, les rendements se situant à la limite de tolérance ou tombant en dessous. L'âge des patients varie de 18 à 60 ans (7 femmes et 41 hommes). Au point de vue du niveau culturel, la majorité des sujets n'a pas dépassé le niveau d'instruction primaire; sur le plan professionnel ce sont des ouvriers qualifiés ou des manœuvres spécialisés. Il n'y a que 4 employés de bureau et 3 intellectuels.

Nous avons encore éliminé de ce groupe les sujets impliqués dans des problèmes aigus d'assurance et d'indemnisation, causes de soucis et de revendications pouvant avoir des répercussions sur leur état émotionnel. Enfin, la commotion remonte toujours à 3 mois au moins et il y a des cas chroniques vieux de 2 ans.

Voici les valeurs sur lesquelles nous avons élaboré le profil moyen du groupe, profil présenté à la figure 6.

Sous-test	Moyenne	Variation moyenne
1	19,8	± 0,2
2	11	2,4
5	14	2,7
3	10	3,3
4	8	2,9
6	8,8	1,8
7	8	1,8

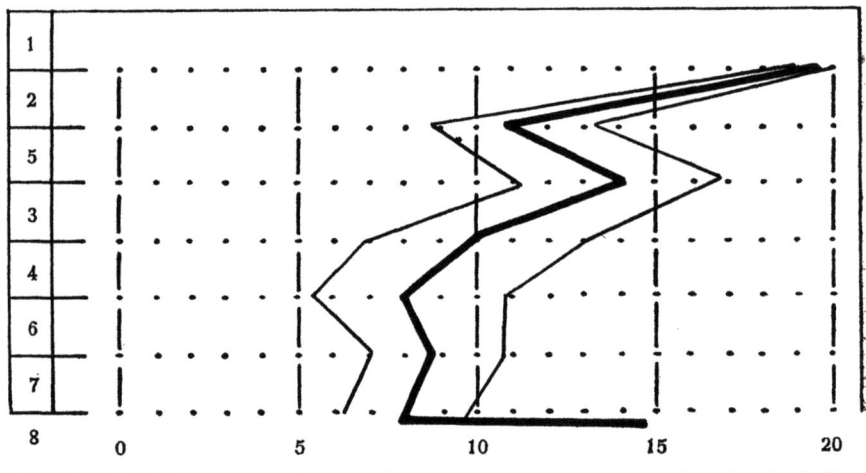

Fig. 6. Groupe des encéphalopathies post-traumatiques : profil moyen.

Si nous confrontons ce profil avec celui de la population primaire normale (fig. 1), nous pouvons faire les constatations suivantes :

a) Les rendements sont inférieurs à tous les sous-tests, ce qui indique une diminution de l'efficience intellectuelle et particulièrement de l'activité mnésique intervenant tout au long de l'épreuve.

b) C'est au niveau de l'évocation que le déficit est le plus marqué et particulièrement de l'évocation différée. Alors que dans le groupe normal l'évocation différée accuse un très léger relèvement par rapport à l'évocation immédiate, elle chute nettement chez les traumatisés du cerveau. Cette évanescence du souvenir à la reprise de l'évocation peut être extrêmement marquée chez certains patients comme chez certains éthyliques également (les profils moyens de ces deux groupes n'étant pas, d'ailleurs, sans analogie).

c) Par rapport aux déments, on voit qu'il subsiste des souvenirs en nombre relativement élevé et qu'il faudrait se méfier du patient bien orienté sur son état, son accident et son existence et dont le profil moyen se superposerait à celui du groupe des régressions démentielles. Mais il est clair aussi qu'un traumatisé peut être obnubilé et quelque peu confus, ce que la clinique et une simple conversation établiront rapidement. On notera également que par rapport au groupe des déments nous avons chez les traumatisés un relèvement notoire des rendements au sous-test 5, ce qui montre qu'une certaine acquisition reste possible, si le patient collabore bien ou n'est pas trop obnubilé.

d) Par rapport au groupe des oligophrènes l'encoche aux sous-tests 3 et 4 est pratiquement absente; nous remarquerons toutefois qu'à ces deux sous-tests la variation moyenne des résultats est élevée, ce qui indique que certains patients, frustes intellectuellement, accusent à ces sous-tests quelques difficultés. Leurs rendements ne se relèvent cependant jamais aux sous-tests d'évocation (où la variation moyenne redevient relativement faible). Que ces sujets puissent avoir quelque difficulté à élaborer les schémas, cela est indéniable, mais elle ne contraste nullement avec des souvenirs bruts, relativement nombreux, et désordonnés comme chez les oligophrènes.

e) En conclusion, nous pouvons retenir que le groupe des traumatisés du cerveau manifeste une capacité relativement bonne dans l'élaboration et l'analyse des données à fixer; mais que c'est cette fixation, dans la mesure où elle se traduit par l'évocation immédiate et surtout différée, qui s'avère électivement touchée.

L'analogie des profils moyens « traumatisés du cerveau » et « éthylisme chronique » est frappante. Dans les deux groupes des fonctions intellectuelles d'élaboration sont toujours présentes, les patients savent encore structurer, associer, organiser. Mais dans les deux cas ils évoquent difficilement, sont conscients de cette non-disponibilité des souvenirs, d'un vide mnésique plus ou moins accusé.

Voici 4 profils individuels appartenant à des sujets très différents et que l'on peut considérer comme typiques à cet égard.

Sous-test	53 ans manœuvre	31 ans manœuvre	52 ans ébéniste	17 ans études secondaires
1	20	20	20	20
2	15	14	15	18
5	15	19	19	19
3	9	19	16	19
4	8	17	15	19
6	10	17	12	13
7	7	10	9	10

Dans tous ces cas la chute à l'évocation différée est particulièrement nette.

Il est donc frappant de voir, chez de nombreux traumatisés, particulièrement au sous-test 7, qu'en dépit de leur lucidité, de leurs résultats souvent presque normaux aux premiers sous-tests du P.R.M., qu'en dépit d'un effort intense, l'évocation s'arrête soudain après un premier flux, souvent tout à fait normal.

Le patient se trouve alors dans l'impossibilité de recruter le moindre souvenir en sus de ce premier apport, recrutement qui est presque la règle chez tout individu normal, même peu entraîné sur le plan intellectuel. On a l'impression que chez ces malades, ainsi que nous le relevions déjà, l'effort même pour évoquer, pour pousser l'évocation surtout, est cause d'un blocage ou d'une désorganisation de certains aspects de la conscience : nous dirons que la conscience de faire un effort absorbe toute l'énergie et que le patient ne vit plus qu'un état de tension mentale improductif mais vraisemblablement source, comme il ressort de certains propos, de sensations physiques pénibles, d'une augmentation des céphalées, d'un état d'hébétude avec sentiment de vide et de confusion. « Plus j'essaie, moins je peux », disait un patient. Ce sentiment d'impuissance se traduit de bien des manières, selon la finesse et le langage des malades ; on peut constater un désarroi attristé ou de l'emportement et de l'exaspération. Il ne sert à rien d'insister ; l'organisation dynamique de l'activité évocatoire est troublée; nous n'avons pas affaire à un simple défaut de fixation car il suffit parfois d'un repos pour que paraissent, dans une évocation différée, certaines données précédemment inévocables alors que d'autres, évoquées au premier essai cesseront tout à coup de revenir à la conscience, le processus mnésique se désorganisant à nouveau à la reprise de l'effort.

En présence de ces difficultés et de la manière de réagir des patients, on invoquera volontiers un état d'hyperfatigabilité mentale, terme commode qui réunit un état subjectif particulier et un rendement faible, sans nous éclairer beaucoup sur la nature objective du processus physio-pathologique responsable.

Cette hyperfatigabilité, qui chez les traumatisés, se manifeste dans une foule d'activités, au point d'être une constante de leur état, pourrait et peut affecter la mémoire déjà à l'instant de la perception des données et de leur fixation; il suffirait qu'à ce moment, ce que nous appelons état de fatigue affecte l'acuité de conscience percevante; il est à remarquer toutefois que, chez les traumatisés à mémoire détériorée, les rendements aux trois premiers sous-tests du P.R.M. sont relativement beaucoup moins touchés qu'aux quatre derniers qui font tous appel à un niveau de conscience et à un travail d'élaboration plus intense. Il convient donc de retenir que l'état d'hyperfatigabilité affecte l'activité selon une certaine hiérarchie dans ses niveaux. L'évocation, sur le plan subjectif encore plus-peut être qu'objectif, surtout lorsque l'effort mnésique est prolongé ou est repris, se révèle particulièrement onéreuse. Il est bon de noter toutefois qu'il existe une autre forme d'hyperfatigabilité possédant une sorte de spécificité sensori-motrice et qui prime souvent celle en rapport avec des processus centraux de conscience beaucoup plus complexes. Elle se manifeste dans les perceptions exigeant des mouvements de poursuite oculaire précis et rapides. Cette hyperfatigabilité de l'attention visuelle rapide et séparatrice de formes, ou de tracés superposés en enchevêtrés, par exemple, est presque toujours présente à des degrés plus ou moins intenses. Elle est facile à objectiver par un test approprié. [1]

§ 2. *Le rythme d'évocation*. — Le rythme de l'évocation, dans le groupe des encéphalopathies post-traumatiques à déficit mnésique objectivé, présente trois caractères importants. Tout d'abord, il va

---

[1] Test des lignes enchevêtrées à suivre du regard, A. Rey, *L'examen clinique en psychologie*, P. U. F. 2ᵉ édition, 1964.

de soi que le taux d'évocation à chaque 30 secondes se situe bien en dessous de ce que nous avons trouvé dans la population normale. Voici les médians des quantités trouvées :

	30 sec.	60 sec.	90 sec.	120 sec.	
Normaux	9	12	13	14	données
Traumatisés	6	7	8	9	»

On notera en second lieu que si plus de la moitié des données évoquées paraissent dans les 30 premières secondes, conformément à la règle générale, un fléchissement d'accroissement très net apparaît entre cette phase initiale et la fin de la première minute. Alors que chez le normal le gain est de 3 unités, il tombe à 1 chez ces malades.

Une troisième caractéristique ne peut ressortir de la statistique des médians et des détails sont nécessaires.

Chez l'individu normal, après le premier flux abondant, l'évocation se ralentit certes, mais progresse généralement jusqu'à la fin de la deuxième minute. On observe toutefois chez quelques individus une stagnation de l'évocation qui peut se produire à la fin de la première minute déjà. Il n'y a pas lieu de relever cet arrêt si le nombre des données déjà évoquées est élevé ou proche de la valeur correspondant au médian des distributions pour le total des éléments évoqués. L'arrêt ne pose un problème que dans les cas d'évocation totale faible. Or, chez nos individus normaux, de tels arrêts n'ont été relevés dans l'échantillon d'une centaine de sujets que dans les très faibles proportions suivantes :

Arrêt après 30 sec. sur un total de 9 données 1 cas
     »   60 sec.   »   »   11   »   2 cas
     »   60 sec.   »   »   12   »   4 cas

Ces stagnations sur un total bas représente à peine les 10 % des cas chez le normal.

Le phénomène d'arrêt de la progression évocatoire est par contre des plus accusés dans les cas d'encéphalopathie post-traumatique.

En voici le détail pour notre groupe où, malheureusement, le rythme de l'évocation n'a été noté que dans 32 cas :

Arrêt après 30 secondes sur un total de				5 données	3 cas	
»	»	»	»	7 »	2 »	
»	»	»	»	8 »	2 »	
»	»	»	»	9 »	2 »	
»	»	»	»	10 »	1 »	
»	»	»	»	11 »	2 »	
»	»	»	»	12 »	1 »	13 cas
Arrêt après 60 secondes sur un total de				5 données	1 cas	
»	»	»	»	8 »	2 »	
»	»	»	»	9 »	1 »	
»	»	»	»	10 »	1 »	
»	»	»	»	11 »	1 »	
»	»	»	»	12 »	1 »	7 cas

Ainsi le phénomène se rencontre sous forme accusée (arrêt dès 30 secondes) dans 40 % des cas et dans 20 % des cas sous forme plus légère. Nous n'irons pas jusqu'à dire qu'il est pathognomonique des séquelles de l'encéphalopathie post-traumatique car nous le trouvons également dans d'autres groupes de malades qui toutefois, les déments en particulier, ne présentent pas cette abondance relative de souvenirs dans la phase initiale de l'évocation.

L'hyperfatigabilité mentale, les blocages précoces sous l'effet de l'effort nous amènent à considérer le déroulement et la longueur de de l'examen qui, chez les traumatisés en particulier, peuvent avoir des effets non négligeables. Relativement dispos au début de la séance le patient peut s'épuiser rapidement, aussi l'ordre de prise des tests doit-il être aussi constant que possible surtout lorsqu'on procède à une expertise.

A défaut de cette précaution on risque de voir paraître des troubles dans certaines épreuves finales alors qu'elles n'eussent peut-être pas révélé d'anomalies patentes si on les avait prises les premières. On risque alors des méprises symptomatologiques, surtout si l'on n'a pas une grande habitude des tests et de leur valeur sémiologique toujours relative.

Nous commençons toujours les examens, depuis plusieurs années, par le test P.R.M. de manière à ajouter le moins possible aux déficits mnésiques les effets de la fatigue; l'état d'hyperfatigabilité faisant l'objet d'une investigation finale.

§ 3. *La recognition*. — Passons aux résultats du test complémentaire de recognition auditivo-verbale dans les cas d'encéphalopathies post-traumatiques. La règle générale est toujours satisfaite et le taux des recognitions exactes l'emporte largement sur celui de l'évocation différée enregistré préalablement.

Voici les valeurs trouvées dans 12 cas classés par ordre d'insuffisance de la capacité d'évocation au sous-test 7 où les meilleurs rendements atteignent juste la limite de tolérance.

Nombre de données évoquées (sous-test 7) (maximum 20)	Nombre de données reconnues (maximum 20)	Nombre de fausses recognitions	Excédent du reconnu sur l'évocable par rapport au total du reconnu
3	10	2	70 %
5	13	0	62 %
6	17	0	65 %
6	16	0	63 %
6	15	0	60 %
7	18	0	62 %
8	18	0	56 %
9	17	0	47 %
10	15	0	27 %
10	15	0	27 %
11	19	2	43 %
11	17	0	36 %

Cette petite statistique (nous ne disposons pas pour l'instant d'un effectif plus nombreux de traumatisés à déficit mnésique net soumis à l'épreuve complémentaire de recognition) est intéressante et montre que l'excédent du reconnu sur l'évoqué par rapport au total du reconnu est d'autant plus élevé que ces malades évoquent plus difficilement, les fausses recognitions demeurant en outre exceptionnelles. Parmi nos enregistrements concernant d'anciens traumatisés insuffisants mnésiques nous n'avons rencontré jusqu'ici que deux cas faisant exception à cette loi : l'un d'eux n'évoquait que deux données et il en reconnaissait 9 mêlées malheureusement à 11 fausses recognitions, ce qui compromet la valeur et la signification du reconnu; ce malade était particulièrement entravé dans ses possibilités d'élaboration et d'effort mental et partout visait plus à l'économie des forces et de l'adaptation qu'au souci de centration et de discrimination efficace; à côté de la symptomatologie clinique grossière de ce cas, la psychométrie ne pouvait que souligner l'incapacité à produire un rendement. Dans le second, il s'agissait simplement d'un simulateur qui ignorait que la grande majorité des malades de la mémoire, tout comme l'individu normal, reconnaissent toujours beaucoup plus de données qu'ils n'en peuvent évoquer.

Nous disposons d'un groupe de 28 individus ayant présenté une commotion cérébrale à la suite d'un traumatisme crânien et ayant souffert du syndrome psychologique subjectif concomitant. L'état de tous ces patients exigea, à la suite de l'état aigu post-commotionnel, un retour en clinique ou en hôpital, cela généralement après une reprise d'activité professionnelle, pour des soins, du repos, un examen de leur état (cela de 8 à 18 mois après l'accident). A notre examen par le test P.R.M., aucun de ces malades, malgré leurs plaintes concernant mémoire, attention et fatigabilité, n'accusa des rendements tombant à, ou au-dessous de la limite de tolérance. C'est donc dire qu'objectivement leurs capacités mnésiques ne présentaient rien de caractéristique puisqu'elles se distribuaient toutes dans la bande de variation intéressant les trois quartiles supérieurs de la population primaire normale. Avant de contester tout déficit dans ce groupe de malades, ne convient-il pas toutefois d'affiner la statistique et de confronter leur profil moyen de rendements avec le profil moyen de la population primaire adulte normale, de façon à voir quelle position occupent, en moyenne, ces malades, par rapport à la moyenne des normaux?

Voici les valeurs permettant de construire leur profil qui, quoi qu'il en soit, ne présente pas, dans le domaine de la mémoire, un indice psychométrique pathologique.

Sous-test	Moyenne	Variation moyenne
1	20	0
2	13	1,8
5	17	1,2
3	14	2,1
4	13	2,3
6	13	1,5
7	13	1,1

Le graphique suivant (figure 7) permettra de comparer ce profil au profil moyen des individus normaux et de constater que les deux courbes ne se superposent pas (le profil moyen des sujets normaux a été reproduit en pointillé).

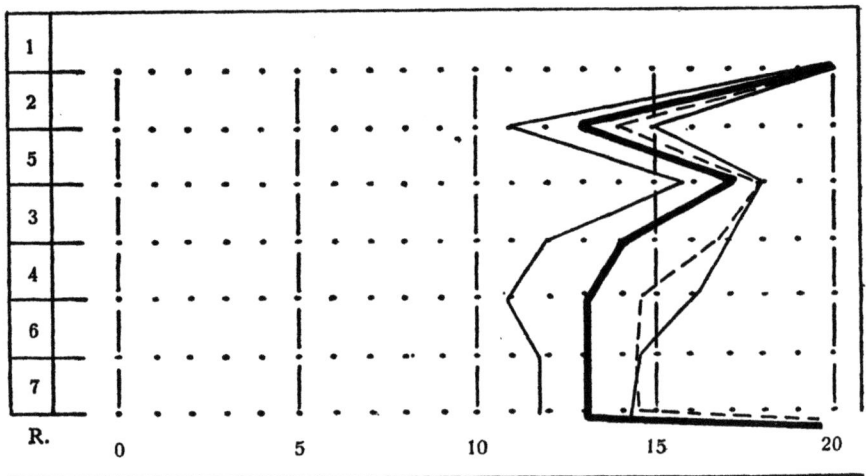

Fig. 7. Profil moyen dans des cas d'encéphalopathies post-traumatiques où les rendements mnésiques se situent encore à l'intérieur de la distribution normale. Comparez ce profil avec celui des adultes primaires normaux (en pointillé)

Les traumatisés dont les rendements mnésiques se dispersent dans la distribution normale présentent néanmoins, en moyenne, des résultats nettement inférieurs à la moyenne des individus normaux. Si cette constatation est importante au point de vue théorique elle ne permet pas, pratiquement, en présence d'un résultat individuel concernant ce groupe particulier de patients, de déceler la composante pathologique faible qui pourtant, selon toutes probabilités, affecte le rendement.

§ 4. *Emploi du test complémentaire d'inhibition rétroactive.* — Nous ne sommes cependant pas désarmés en face de ce problème. Tout d'abord les résultats psychométriques mêmes de ces patients montrent qu'ils ont bien collaboré et que l'on peut accorder du crédit à leurs plaintes. Ensuite nous disposons du test complémentaire d'inhibition rétroactive qui, presque toujours, révèle que derrière ces rendements mnésiques, à première vue normaux, se dissimulent cependant des troubles certains.

Nous ne rappellerons pas la technique de cette manœuvre spéciale définie et décrite à la page 39. Nous en présenterons, par contre, une application particulièrement démonstrative.

Il s'agit d'un jeune homme de 22 ans effectuant avec difficulté ses études juridiques. Victime d'une sévère commotion cérébrale à 16 ans il put, l'année suivante, reprendre ses études après rémission des troubles les plus graves. Il bénéficia heureusement d'une certaine indulgence; on sut tenir compte de son hyperfatigabilité et l'on admit qu'il travaillât à un rythme lent. Renonçant à toute autre activité, devenu inapte aux sports, écarté par son humeur de la vie sociale, le garçon se consacra entièrement à ses études et obtint, finalement, tout juste son baccalauréat. A l'université l'assimilation des cours et la préparation des examens lui offrit de grosses difficultés. Devant une nouvelle tranche de savoir à mémoriser, il aboutit sans trop de peine à condition de disposer de beaucoup de temps mais, doit-il, comme c'est la règle quand on prépare un examen, fixer à la suite de la première une nouvelle tranche, il y réussit, certes, mais tout ce qu'il avait fixé antérieurement cesse d'être disponible. Il stagne ainsi et passe son temps en répétitions et révisions improductives que l'hyperfatigabilité, en outre, ne lui permet pas de prolonger. Ce tableau, auquel nous nous limitons dans la symptomatologie de ce cas, est

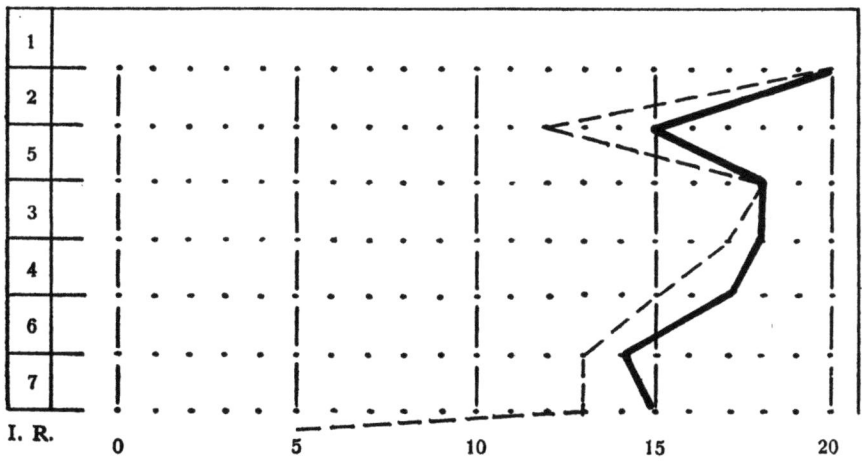

Fig. 8. Inhibition rétroactive : le profil en trait interrompu a été enregistré le premier jusqu'au sous-test 7 y compris. Une épreuve équivalente a permis d'établir ensuite le profil en trait continu (1 à 7). On a redemandé alors une nouvelle évocation des données du premier test : le rendement tombe alors de 13 à 5.

celui de l'inhibition rétroactive et nous le reproduisons à notre tour sur le plan psychotechnique de la manière suivante : Le jeune homme, au test P.R.M., nous donne tout d'abord le profil reproduit en traits interrompus enregistré avec la formule « sapin » (voir figure 8).

On voit que, pour un intellectuel, les résultats sont peu élevés sans cependant accuser un caractère pathologique certain. Nous proposons ensuite au patient de répéter immédiatement l'épreuve, en utilisant une nouvelle formule (« pommier »). Le nouveau profil, en trait plein, porté sur ce même graphique, est un peu meilleur. La fixation de cette seconde série de données opérée, nous demandons à l'étudiant d'évoquer tout ce qu'il a retenu de la première fixation relative à la série « sapin » : la chute de rendement est énorme; malgré tous ses efforts il ne peut évoquer que 5 données alors qu'il en disposait de 13 à la fin de la première épreuve; nous sommes en présence d'autre chose que d'interférences et d'hésitations entre les séries; c'est le vide mental qui s'est installé sur une tranche d'une expérience passée récente, par ailleurs bien définie et bien localisée dans son esprit.

L'inhibition rétroactive est mystérieuse. Il s'agit bien d'une inhibition puisque la restauration des souvenirs bloqués s'opère toujours à la suite d'un réapprentissage beaucoup plus court que l'apprentissage initial. Mais qu'est-ce qui est bloqué et comment? La loi de Skaggs-Robinson établit que l'inhibition est d'autant plus forte que le degré de similitude entre les deux séries successives est plus élevé, ce qui laisse supposer, dans le territoire cérébral, l'activation de circuits fonctionnellement très voisins, correspondant, sous une forme ou une autre, à ce qu'il y a précisément de commun entre les séries. On doit en tous cas admettre qu'à l'instant où il faut fixer la seconde série à la suite de la première, cette dernière doit être momentanément repoussée ce qui pourrait correspondre à l'arrêt de toute circulation résiduelle, de toute diminution decrescendo de tension dans les circuits qui viennent d'être mobilisés.

N'avons-nous pas la preuve d'un tel résidu en constatant que la recognition est toujours supérieure à l'évocation, les circuits non réactivables de l'intérieur (évocation) pouvant l'être de l'extérieur (recognition), ce qui montre bien qu'un seuil de réactivation persiste et qu'il n'y a pas eu retour à un point mort.

Dans l'inhibition rétroactive c'est la marche vers ce point mort qui est accélérée ou peut-être s'agit-il d'un effet de contraste dû au fait que des circuits encore actifs, en provenance de la deuxième série, voisinent avec des circuits moins actifs formés par la première série;

l'effort d'évocation réinduit alors les circuits les plus excitables et ne réactive plus les moins excitables comme dans un système hydraulique où le débit de la circulation dans plusieurs conduites dépend de leur ouverture et de leur diamètre.

L'effet d'inhibition rétroactive peut être toutefois considérablement réduit chez l'individu normal. Deux mécanismes seront alors mis en œuvre : si l'on est prévenu de la succession des séries à fixer, on peut s'efforcer de percevoir la seconde en fonction des particularités de la première. On associe ainsi les deux séries de façon à former un tout soit, neurologiquement, un ensemble de circuits également réactivables ou susceptibles de se réactiver mutuellement de l'intérieur. Même si l'on n'est pas prévenu, ce processus intervient toujours quelque peu dans la prise du test chez un individu normal qui ne peut empêcher que la seconde série ou expérience ne soit plus ou moins saisie dans ses analogies et différences avec la première.

Le second mécanisme intervient au contraire au moment de l'évocation des données inhibées. Ne faut-il pas alors jouer sur un fin clavier d'acuité de conscience, penser l'existence de traces actives gênantes et celle de traces momentanément affaiblies, ne faut-il pas retrouver l'une ou l'autre de ces dernières, — il subsiste toujours un résidu — les activer et à partir de leur installation plus aiguë dans la conscience réactiver de proche en proche celles qui appartiennent à la même famille temporelle tout en repoussant les traces plus fraîches envahissantes?

Il faut opérer la manœuvre inverse de celle qui a assuré la fixation de la seconde série à la suite de la première, où il fallait écarter l'ancienne pour accueillir la nouvelle. Il faut maintenant repousser le temps vécu et les fixations récentes pour que la première série fixée se reconstitue à partir d'un point ferme de son réseau propre. Mais alors que dans les fixations tout était réglé de l'extérieur par la succession des expériences concrètes, dans l'évocation, objectivant l'inhibition rétroactive, tout doit se développer intérieurement, grâce à une étendue ou acuité de conscience en quelque sorte doublée par rapport aux évocations simples.

On comprendrait ainsi facilement pourquoi chez de nombreux malades et particulièrement chez les anciens traumatisés cérébraux hyperfatigables l'inhibition rétroactive se manifeste avec une telle intensité. Cette hyperfatigabilité les handicape déjà fortement sur le plan de l'évocation simple où elle combine ses effets avec les difficultés intrinsèques de mémoire intéressant la fixation et la conservation; si le test les oblige maintenant à une activité évocatoire plus fine, plus exigeante et plus intense, l'hyperfatigabilité, dans le sens où nous l'avons décrite, a vite raison de leur capacité d'effort réduite.

§ 5. *Des difficultés dans l'expertise de déficits psychologiques dans les cas d'encéphalopathie post-traumatique.* — Les malades souffrant des séquelles d'une encéphalopathie post-traumatique posent des problèmes difficiles dans l'appréciation de la nature et du degré de leurs troubles psychologiques. A une certaine diversité probable dans les lésions causales et dans leur effet sur toute l'économie cérébrale (des lésions corticales peuvent s'ajouter à des lésions mésodiencéphaliques elles-mêmes variables), s'ajoutent trop souvent des problèmes sociaux et affectifs qui sollicitent et troublent beaucoup les malades.

Sur le plan psychométrique, l'analyse est compliquée par l'interférence presque constante de l'état d'hyperfatigabilité avec des déficits mnésiques intrinsèques. En effet, le profil moyen des traumatisés montre qu'à tous les sous-tests du P.R.M. il y a infériorité par rapport à la normale; comme ils intéressent tous une capacité à fixer l'expérience, à côté d'autres facteurs de nature différente (élaboration significative, perception et recognition schématisantes déficientes surtout chez les oligophrènes), on peut penser, bien sûr, que c'est cette capacité mnésique plus ou moins diminuée qui est responsable de la plus large part du décalage. L'hyperfatigabilité vient s'ajouter, agissant particulièrement au niveau des processus d'évocation qui sont énergétiquement les plus onéreux comme nous croyons l'avoir montré.

Ces malades, plus que d'autres, font l'objet d'expertises. On demande alors souvent au spécialiste de se prononcer sur l'importance pratique et sur la chronicité de symptômes, assez constants par leur présence et leurs effets subjectifs, mais variables en intensité, fluctuant dans le temps, et polymorphes en nature.

Nous pensons que c'est dans de tels cas que le type d'examen que nous préconisons peut être utile. En effet, chez ces malades, la mémoire n'est plus ou n'est pas altérée au point que la clinique suffise à identifier le symptôme; elle est diminuée, entravée, irrégulièrement efficace et pour le constater il faut des instruments psychométriques suffisamment discriminatifs et soumis à une critique clinique constante. Devant ces difficultés l'analyse psychométrique de quelques cas individuels sera utile, ainsi que la présentation de quelques rapports d'expertise. C'est le seul moyen de montrer comment et jusqu'où le psychologue peut s'engager.

Cas 1. — Voici tout d'abord les résultats d'un homme de 60 ans, manœuvre en bâtiments, victime d'un traumatisme 4 mois plus tôt. Il s'estime incapable de reprendre du travail. C'est ambulatoirement que cet ouvrier, très fruste, qui a quitté l'école vers 12 ans, se présente à l'examen.

Sous tests	Rendements
1	20
2	6
5	8
3	3
4	1
6	3
7	0

On voit immédiatement que ce profil accuse un grave déficit. Mais il est trop bas pour un homme qui après tout, circule librement, se souvient d'un rendez-vous, est orienté dans ses entreprises et décrit bien tout ce qui lui est arrivé. L'état mnésique révélé par ces résultats ne se rencontre que chez des déments ou alors chez des traumatisés en période de troubles encore aigus, obnubilés et un peu confus ou encore dans des cas à évolution très grave s'acheminant vers une grosse déchéance. La clinique rend ainsi la courbe suspecte et nous pousse à manœuvrer. Nous montrons à l'homme que nous faisons le compte de ses réponses et que nous en composons un graphique, dont plusieurs modèles sont, par ailleurs, rassemblés devant nous. Nous ajoutons : « Savez-vous que nous avons tellement l'habitude de ces examens que nous pouvons presque toujours dire combien de dessins un malade doit retrouver dès que nous le connaissons un peu et qu'il veut bien se donner de la peine; ainsi, chez un homme de votre âge, qui est capable de venir tout seul à l'hôpital et qui peut se débrouiller chez lui pour sa cuisine et son ménage, il faut retrouver au moins six dessins. Cherchez encore, au lieu de vous décourager trop vite et trouvez encore une ou deux choses. » L'homme fait un effort et en 2 minutes supplémentaires trouve 6 données alors qu'à l'évocation différée il prétendait ne rien pouvoir évoquer. Ce taux ne représente certainement pas son plafond ; d'autre part, c'est à échéance plus longue et à effort d'évocation prolongé que ces souvenirs se sont produits. Certes, la manœuvre utilisée ici est grossière et son action positive témoigne bien de l'état mental fruste du malade ; mais elle a réussi, ce qui est essentiel, et le profil revêt maintenant plus l'allure d'une production de débile mental que celle d'un dément. Cet exemple montre bien tout le recul qu'il faut avoir à l'égard de la psychométrie, mais aussi tous les services qu'elle rend lorsqu'on ne la dissocie pas de l'observation clinique.

Chez ce patient il est établi en tout cas que l'aspect psychologique des symptômes ne peut pas être retenu comme déficit bien constitué et constamment limitatif puisque le malade nous montre qu'ils fluctuent au gré de son attitude. Certes, chez ces manœuvres qui ne peuvent vendre que de la force musculaire et de l'obéissance, les séquelles des traumatismes crâniens, dans la mesure où ils comportent des vertiges, une diminution de la force et de la sécurité musculaire, des céphalées, de la dépression ou de l'irritabilité ont des effets déplorables sur l'adaptation professionnelle, mais l'on voit aussi combien il peut être difficile de situer et d'ajouter sur ce fond d'impotence essentiel et sérieux, la gêne résultant de troubles psychologiques, surtout lorsque l'individu est totalement incapable d'objectivité à leur égard.

Cas 2. — Voici un cas tout différent où l'excellente collaboration du patient permet de suivre ses progrès et de les lui notifier utilement. De mois en mois, la malade, une sommelière de 30 ans, a donné les résultats suivants à la simple répétition d'une même série du P.R.M. (sapin).

A partir d'un profil bien caractéristique (mai) traduisant une

Sous-test	Mai	Juin	Juillet
1	20	20	20
2	14	16	18
5	15	18	19
3	12	16	19
4	10	15	18
6	9	13	19
7	10	12	18

atteinte mnésique certaine mais discrète, nous voyons à deux mois d'intervalle la patiente lors des retests accuser des progrès au point qu'en juillet elle arrive à évoquer la totalité des données, à peu de chose près. Il s'agit de retest et non de l'application de tests équivalents (visant un autre problème). Le retest a toutefois un double intérêt. Il peut montrer un progrès qu'on ne surestimera pas, certes, mais qui manifeste l'intégrité relative de la capacité d'acquisition. En effet, si d'un retest à l'autre les rendements augmentent, c'est que le patient dispose encore de souvenirs provenant des expériences passées. Le retest comprend alors un réapprentissage et des renforcements qui entraîneront un taux de fixation plus élevé. A côté de cet intérêt psychométrique et du pronostic favorable que l'on peut tirer du progrès, il y a la réaction du patient à ce progrès lui-même qui donne de précieux renseignements sur l'attitude en face de la maladie et des symptômes. Ainsi, en présentant au malade le nouveau profil et en lui faisant constater l'amélioration on suscitera, selon les cas, deux comportements différents : une réaction pessimiste se ramenant à relever que le progrès est ici normal puisque la série avait déjà été apprise, que dès lors cela ne prouve rien et que les troubles persistent. Dans ce cas le patient ne prend pas conscience d'une contradiction : il s'appuie sur un gain mnésique pour invoquer une fois de plus son déficit. On trouve ainsi des sujets difficiles à rassurer et à persuader et c'est un avantage d'objectiver cette attitude qui pose souvent des problèmes difficiles. Le deuxième comportement est une réaction optimiste consistant à marquer de la satisfaction et de la confiance et à admettre sans résistance qu'en dépit de la persistance de certains troubles, des souvenirs, qui auraient pu disparaître, sont conservés et que la mémoire s'améliore insensiblement.

On usera avec prudence, bien entendu, de ce genre de manœuvre. Il arrive, bien sûr, qu'au retest, certains malades qui évoluent mal, marquent le statu quo ou même une régression qu'il est inutile ou même dangereux de leur faire constater. D'une façon générale ce ne sont que dans les cas où l'activité mnésique n'est pas trop compromise, comme dans notre exemple, que l'on pourra constater et exploiter ces progrès au retest.

Dans la suite nous donnerons quelques exemples de rapports psychométriques. Il y est fait allusion à des épreuves qui ne sont pas présentées dans cet ouvrage; pour plusieurs d'entre elles nous avons déjà donné des références; on comprendra facilement la structure des autres à partir du texte.

Exemple de rapport psychologique

Cas 3. — Homme, 48 ans, commerçant, a été victime 2 ans plus tôt d'un grave accident, ayant comporté, entre autres choses, un sévère traumatisme cranio-cérébral. Voici nos constatations :

Le patient ne se plaint pas spontanément, ne pose pas de questions et ne manifeste pas d'appréhension devant l'examen. Il s'exprime correctement; de temps à autre il lui arrive de chercher un mot et, ne le trouvant pas, de le remplacer par un geste ou une périphrase. Ces « blancs » sont assez prononcés et fréquents pour que l'on puisse retenir des signes discrets d'aphasie amnésique; ils augmentent au cours de la séance avec la fatigue et sont plus marqués dans des activités de dénomination imposées que dans les propos tenus librement.

Il n'y a aucune allusion spontanée à l'accident qui, d'autre part, n'a laissé aucun souvenir précis.

Lorsqu'on interroge le patient sur l'avenir il se montre déprimé; il se sent si diminué, si écarté actuellement des divers plaisirs de l'existence qu'il ne fait aucun projet. Son seul désir c'est de recouvrer une certaine santé. « A quoi bon vivre dans cet état » telle est son attitude. Il y eut une période, dit-il, où il se faisait énormément de soucis; il songeait surtout à la perte considérable entraînée par la remise de son commerce et aux difficultés que comporterait une indemnisation équitable; il n'en dormait plus; actuellement il « laisse aller », s'en remet à son avocat et dort mieux; il attribue cette détente à un médicament qu'on lui a prescrit.

Il évoque encore avec une certaine fierté sa vie passée de sportif et d'homme très sociable. Il ne voit pas ce qu'il pourrait faire maintenant pour s'occuper. Il essayerait de bricoler un peu chez lui, mais il oublie où il met ses outils, perd du temps et ne tire aucun plaisir de ce travail.

Quand on l'interroge sur ses troubles d'ordre psychologique il est réservé et n'abonde pas en détails; pour la mémoire il déclare qu'il lui est difficile de juger puis il signale ses difficultés de lecture, s'étonne de voir beaucoup mieux avec les lunettes prescrites tout en étant dans l'impossibilité de les supporter pour lire : au bout d'un instant la vue se brouille, le texte s'estompe, les lignes se dédoublent.

Le malade n'a qu'un niveau d'instruction primaire; il a fait un apprentissage de maroquinier; il a suivi avec succès divers cours pour devenir moniteur de gymnastique.

A un test d'interprétation de dessins peu structurés, il donne plusieurs bonnes synthèses; plusieurs réponses se présentent sous forme d'exclamation; on sent à travers ces réactions un homme qui disposait d'esprit de répartie, de vivacité, d'une certaine culture et qui pouvait s'élever au-delà de la signification immédiate des choses et développer autour d'elles tout un halo d'associations. En bref, il s'agit sans aucun doute d'un homme intelligent qui avait réussi à s'élever professionnellement et qui s'était attiré de nombreux amis par ses qualités personnelles. Ses possibilités mentales passées sont malheureusement vouées actuellement à la stérilité par suite d'une grave atteinte des mécanismes assurant leur activation et leur exploitation.

Ainsi nous mettons en évidence d'importants troubles mnésiques :

A un test examinant divers aspects de la mémoire (P.R.M.), les résultats se situent à un niveau tout à fait inférieur. Sur le document ci-joint les rendements du patient figurent en rouge; en bleu, on a porté une limite de tolérance correspondant aux valeurs du quartile inférieur des distributions statistiques pour les sujets de 12-13 ans de niveau primaire. (Profil : rendements indiqués dans l'ordre habituel des sous-tests : 20, 6, 6, 4, 3, 3, 3, recognition 10, fausses recognitions 3). On voit que les résultats du malade se trouvent très en dessous de cette limite, en deçà de laquelle on entre dans la zone des phénomènes pathologiques. En considérant en outre la forme du profil de rendements on doit conclure à une altération grave de la mémoire. En effet, sans entrer dans des détails, on remarque que le profil présente un aplatissement que l'on ne rencontre que dans les régressions du type démentiel ou éventuellement chez certains simulateurs. Or, chez ce patient, la simulation peut être exclue par le comportement global, l'attitude et une foule d'autres signes, en particulier une élévation relativement importante du rendement lorsqu'on termine le test par une recognition des données (loi du taux de recognition plus élevé que celui d'évocation); il faut donc envisager chez cet homme une importante détérioration intellectuelle portant non sur la structure, l'intelligence étant conservée, mais sur l'efficacité de ses instruments mentaux.

Si l'état mnésique que nous venons de caractériser appartient bien au groupe des grosses détériorations mentales, il ne peut être seul touché et nous devons trouver d'autres secteurs psychologiques gravement perturbés et cela dans des domaines où les tâches sont simples mais doivent impliquer une activation soutenue des conduites et une intégration constructive de l'expérience.

C'est bien ce que la prise d'autres épreuves confirme. Par exemple, le patient sait encore faire des additions, la structure de l'opération n'est pas altérée, mais il en est réduit à procéder avec une extrême lenteur (1 addition à la minute au lieu de 5 ou 6 qui représentent un minimum).

A un test de discrimination de signes orientés à gauche et à droite, le barrage des signes de droite se fait avec lenteur et il n'y a aucun progrès quand on répète le test, progrès qui est la règle (défaut d'intégration d'une expérience des plus simples). Il est gêné dans cette tâche par des troubles visuels; il voit flou, une ombre traîne derrière les lignes (phases de diplopie).

A un test de centration sur un contenu mental interne (compter à rebours de 20 à 0, 5 répétitions), le rythme est très lent, les progrès sont faibles d'une répétition à l'autre et il y a une régression finale importante : on note à tout moment des phases plus ou moins longues de blocage par désorientation à l'intérieur du processus interne.

Enfin, à un test d'apprentissage sensori-moteur, consistant à apprendre à retirer une tige courbée et coudée d'un orifice étroit, le malade agit avec une lenteur considérable; il est incertain dans ses mouvements; à la sixième répétition le niveau de performance atteint par cet ancien artisan reste largement inférieur à ce que donne un enfant de 7 à 8 ans.

Cet ensemble de faits, leur nature, leur cohérence, suffit à établir l'existence d'un grave état de détérioration intellectuelle. En considérant l'époque de l'accident, la gravité des symptômes, la bonne collaboration du patient, une conservation relative des structures anciennes de l'intelligence, on peut craindre qu'il ne s'agisse d'un effondrement en relation avec une atteinte organique progressive de l'encéphale. Il serait indiqué de procéder à un second examen d'ici 6 mois à une année pour caractériser la suite de l'évolution.

L'état actuel de ce patient est incompatible avec une reprise, même partielle, de ses anciennes activités. On ne peut envisager non plus un essai de réadaptation professionnelle. Le malade n'intègre plus suffisamment les expériences pour que l'on puisse songer à lui faire reprendre ou apprendre actuellement une technique artisanale. Quant à des emplois de surveillance ou de bureau il faut les exclure. Nous pensons qu'il faut laisser cet homme s'occuper à sa guise, sans songer actuellement à une activité professionnelle partiellement rentable.

Cas 4. — Homme, âgé de 60 ans, décorateur. Très jeune il a embrassé la carrière des Beaux-Arts. Il s'est affirmé honorablement et a acquis une certaine réputation comme modéliste en décoration artisanale. On retiendra que sa profession fait en tout cas appel à de l'initiative et à des capacités créatrices soutenues.

Le jour de l'examen nous sommes en présence d'un homme éteint, s'exprimant très correctement, ne se livrant pas à des plaintes spontanées et ne manifestant aucune revendication. Il décrit ses troubles, quand on le lui demande, avec, semble-t-il, une certaine résignation triste. Les descriptions qu'il donne de ses difficultés d'ordre psychologique correspondent au syndrome subjectif bien connu dans les cas d'encéphalopathie post-traumatique. Le patient ne va pas au au-devant des questions, il n'a pas de plan pour exposer sa situation et redevient silencieux dès qu'on n'intervient plus.

Nous l'avons soumis à un test examinant divers aspects de la mémoire (P.R.M.). Les rendements sont très faibles et se situent bien en dessous d'une limite de tolérance correspondant aux valeurs du quartile inférieur pour l'âge de 12-13 ans. Le profil est en outre aplati, ce qui ne s'observe que dans les cas où il existe de grosses difficultés à intégrer les phases successives des expériences propres à ce test. On relève un redressement net des rendements lorsqu'on passe de l'évocation des données à leur recognition. Ce redressement, qui doit se produire chez tout patient de bonne foi, permet d'exclure chez ce malade la mauvaise collaboration ou une fixation à des troubles imaginaires : il fait réellement ce qu'il peut. On notera encore que le taux de recognition, malgré le redressement sur celui d'évocation, demeure anormalement bas. (Profil : rendements indiqués dans l'ordre habituel des sous-tests : 20, 13, 13, 7, 6, 6, 5; recognitions 13, fausses recognitions 0).

A un test de discrimination rapide de signes orientés à gauche et à droite, le rendement est faible. Il n'y a pas de faute mais une grande lenteur. Il s'agit d'une difficulté d'anticipation : au moment de barrer les signes à éliminer, l'œil ne peut se porter au-delà pour préparer les discriminations suivantes. Cette même difficulté se retrouve dans une épreuve où il faut parcourir au crayon un labyrinthe à plan entièrement visible : l'œil ne peut orienter à l'avance le tracé.

Ces mêmes difficultés de vigilance et d'anticipation visuelle se retrouvent encore dans une épreuve consistant à suivre du regard des lignes enchevêtrées; les mouvements de poursuite oculaire sont très lents; le patient s'égare plusieurs fois et doit souvent revenir en arrière. Le test a entraîné un état de lassitude.

Lorsque l'attention visuelle n'est plus en cause cette lenteur et ces difficultés disparaissent; ainsi la rapidité d'écriture est tout à fait normale et aucune anomalie ne paraît dans le graphisme; de même, à un test d'apprentissage sensori-moteur consistant à dégager rapidement une tige coudée en la tirant à travers un orifice, la progression des temps est à peu près normale.

Cet examen permet de retenir des troubles mnésiques importants intéressant principalement l'évocation volontaire de données concernant l'expérience récente. L'attention visuelle est nettement déficiente; en particulier, on relève une difficulté à s'orienter et à discriminer par une anticipation visuelle.

Nous relèverons encore un état général d'adynamie et d'hyperfatigabilité. Il ne fait pas de doute que ces symptômes diminuent fortement les capacités créatrices et l'allant au travail dans une profession où l'imagination et l'audace sont au premier plan.

Cas 5. — Homme, 45 ans, expert comptable. Ce patient ne se considère pas comme invalide; son état se serait nettement amélioré depuis 3 à 4 mois, les périodes de malaises et de troubles devenant plus rares. Actuellement il ressent encore des céphalées et un état ressemblant à de l'ébriété lorsqu'il s'est livré à un travail concentré de 3 à 4 heures (examens de dossiers, par exemple). Il supporte mal le cinéma et les efforts prolongés d'attention visuelle. Il ne signale rien sur le plan de son activité physique. Sa mémoire laisserait à désirer.

Dans la conversation nous constatons qu'il demande à tout moment à sa femme, qui l'accompagne, des précisions de dates, de lieux et de personnes. La parole est correcte.

Le niveau intellectuel ne posant aucun problème chez ce patient bien différencié professionnellement, nous passons sans plus à l'examen de quelques aspects de l'efficience mentale.

A un test examinant divers aspects de la mémoire (P.R.M.), les résultats se situent nettement en dessous de la limite de tolérance fixée pour la population des adultes de niveau scolaire primaire. (Profil : rendements indiqués dans l'ordre habituel des sous-tests : 20, 8, 13, 11, 8, 9, 10; recognitions 15, fausses recognitions 0).

Le profil de rendements a conservé une forme caractéristique témoignant d'une part d'une bonne collaboration, d'autre part d'une capacité toujours présente à organiser et à intégrer l'expérience, mais, malheureusement, à un niveau quantitatif réduit. Notons en particulier le relèvement du rendement lorsqu'on passe d'une activité d'évocation à une activité de recognition (signe de bonne collaboration).

En partant de la symptomatologie signalée nous croyons utile de soumettre ce malade à une épreuve consistant à suivre du regard des lignes enchevêtrées.

Les temps d'exécution ne tardent pas à s'élever, des erreurs apparaissent et quand on répète la partie initiale du test, les temps, déjà anormaux au départ, ont plus que doublé.

L'épreuve déclenche des céphalées bien localisées à droite dans la région fronto-pariétale. On retiendra cette hyperfatigabilité en rapport avec les formes d'attention intéressant la centration visuelle soutenue et les mouvements oculaires de poursuite.

A un test de barrage de signes orientés à gauche ou à droite, les rendements sont normaux. Il en est de même pour la rapidité d'addition, qui est peut-être ralentie, mais sans que nous puissions l'affirmer faute de documents antérieurs (6 additions à la minute, 3 nombres de 2 chiffres).

En conclusion, le patient présente actuellement une diminution marquée de la capacité de fixation, d'évocation et de recognition mnésiques. Si nous nous fondons sur ses propos, nous avons l'impression qu'il minimise cet état volontairement (ne veut pas paraître invalide). Nous mettons en évidence également une hyperfatigabilité mentale dès l'instant, en tout cas, où une composante d'effort visuel intervient.

Une efficience se situant dans des normes acceptables est conservée pour des travaux simples reposant sur la mobilisation d'automatismes anciens.

Cas 6. — Homme, 49 ans, a fait, après quelques années d'école secondaire, un apprentissage de serrurier; il est actuellement patron.

Il se plaint de céphalées constantes l'empêchant de se concentrer et de faire un effort intellectuel prolongé. Sa femme estime, rapporte-t-il, que sa mémoire n'est pas diminuée, mais lui-même a le sentiment qu'elle s'est affaiblie.

Ce malade a remarquablement collaboré à l'examen. Nous relevons de légères difficultés d'articulation verbale.

A une épreuve d'interprétation de dessins, qui donne une indication sur le niveau culturel et la capacité à synthétiser des données disparates, les réponses sont bonnes. L'ensemble des réactions donne un rendement situant ce patient au centile 90 pour le groupe culturel primaire. Il s'agit donc d'un homme possédant, par rapport à son groupe, de bons moyens intellectuels d'appréhension, d'interprétation et d'organisation libres à l'égard de structures visuelles sollicitant simultanément l'imagination et les connaissances.

A une épreuve examinant divers aspects de la mémoire (P.R.M.), les résultats se situent au-dessus de la limite de tolérance lorsque le souvenir est sollicité d'une manière associative à partir de schémas rappelant la forme des données présentées à la fixation. Grâce aux associations intelligemment formées, la mémoire peut s'appuyer alors sur une certaine recognition et le rendement est satisfaisant. A la fin du test, lorsque nous demandons une évocation libre des données initiales, ce facteur facilitant de recognition n'intervient plus et le rendement tombe en dessous de la limite de tolérance, résultat contrastant avec le bon niveau intellectuel du patient. (Profil : les rendements sont donnés dans l'ordre habituel des sous-tests : 20, 15, 19, 16, 15, 12, 9). Ce mnémogramme est typique d'un affaiblissement de la mémoire d'évocation. On le trouve souvent dans les cas d'encéphalopathie post-traumatique (sujets intelligents et sincères).

A une épreuve de fatigabilité de l'attention visuelle (lignes enchevêtrées à suivre du regard) il n'y a pas de fautes mais des temps d'exécution beaucoup trop lents pour un artisan qualifié. Les mouvements oculaires sont en outre laborieux et hésitants et le malade essaie de les soutenir par de petits mouvements discrets de l'index. Les temps de poursuite visuelle des lignes augmentent si nous empêchons ces mouvements digitaux de soutien.

En fin d'examen nous soumettons le patient à une épreuve d'effort soutenu pour une tâche intellectuelle simple (ordination continue de chiffres pendant 20 minutes). La courbe de travail évolue tout d'abord normalement, le patient faisant un sérieux effort. Vers la 16e minute des oscillations se produisent et à la 19e minute il y a forte chute de rendement; le patient est épuisé, il ne peut plus continuer, il tremble un peu, il se lève en titubant légèrement, la céphalée le tenaille (il montre sa nuque). Il se ressaisit bientôt, un comportement légèrement émotionnel s'installe; avec dignité mais émotion il remarque que pendant 15 ans il n'a jamais coûté un centime aux assurances, qu'il a toujours été solide et courageux mais que, maintenant, il est devenu une loque... Conclusion : Excellente collaboration (résultat élevé à une épreuve supplémentaire de sincérité qu'il n'y a pas lieu de détailler ici). Diminution des capacités mnésiques. Hyperfatigabilité mentale nette. Troubles de la parole (s'assurer de leur date d'apparition). État actuel incompatible avec un rendement normal d'artisan, difficilement compatible avec les responsabilités d'un patron.

Cas 7. — Femme, 20 ans, étudiante, victime 3 ans plus tôt d'un accident ayant entraîné une forte commotion cérébrale (hospitalisée 6 semaines). La jeune fille estime que cet accident et ses suites l'ont retardée dans ses études. Elle se plaint actuellement de céphalées, d'une diminution du pouvoir de concentration, de fatigabilité intellectuelle. Sa mémoire serait mauvaise en ce qui concerne l'évocation des noms propres; elle n'aurait pas de vertige; son caractère ne se serait pas modifié.

Elle vient d'obtenir, à l'école secondaire, un diplôme de culture générale. L'effort qu'elle a dû fournir pour ces examens et leur réussite excluent, en tout cas, de gros troubles psychologiques. Elle envisage pour l'avenir des études d'assistante sociale.

Nous devons signaler les faits suivants :

Entrée en section latine à l'école supérieure des jeunes filles, elle n'a pu se maintenir dans cette section; elle a passé dans celle de culture générale, n'étant pas forte en langues.

Enfant, elle a eu de la peine à apprendre à lire et des difficultés orthographiques l'ont gênée tout au long de sa scolarité; elle a toujours eu beaucoup de peine en dissertation.

Nous relevons donc une limitation fonctionnelle sur le plan de l'activité verbale. Notons qu'il s'agit d'une gauchère non corrigée dont la mère est une gauchère. Nous retiendrons, sans hésiter, une dyslexie d'évolution (sans rapport avec l'accident, bien entendu) et qui a rendu certainement la scolarité laborieuse.

Voici les constatations que nous avons pu faire en soumettant la jeune fille à un certain nombre de tests.

A une épreuve d'interprétation de dessins peu structurés, les réponses correspondent bien au niveau culturel que l'on est en droit d'attendre d'une jeune fille ayant fait des études secondaires. Elles témoignent d'un bon pouvoir de synthèse mais ne manifestent pas d'originalité. Si nous retenons cette épreuve comme témoin du niveau de développement intellectuel global, celui-ci ne pose pas de problème.

A une épreuve examinant divers aspects de la mémoire (P.R.M.), nous constatons que les résultats sont bons, tant que l'effort de rappel peut s'appuyer sur des données visuelles schématisées rappelant plus ou moins les figures proposées à la fixation. A l'instant où il faut évoquer ces données sans appui extérieur, le rendement tombe et devient nettement insuffisant par rapport à ce que l'on est en droit d'attendre d'un sujet de même âge et de même niveau culturel que la patiente. L'insuffisance s'accuse si nous demandons une nouvelle évocation libre 20 minutes plus tard. Enfin, il remonte lorsqu'on propose au sujet de reconnaître les 20 données, l'examinateur les nommant mêlées à 20 autres données étrangères. (Profil : les rendements sont indiqués dans l'ordre habituel des sous-tests : 20, 17, 19, 16, 16, 11, 7; recognitions 18, fausses recognitions 0).

Le profil mnésique obtenu se situe ainsi au-dessus de la limite de tolérance pour les premiers sous-tests, en dessous de cette limite en ce qui concerne l'évocation et surtout l'évocation différée; il remonte à peu près à la normale à l'épreuve finale de recognition. On retiendra que la jeune fille réagit conformément au degré de difficultés intrinsèques des divers sous-tests, ce qui est signe de sincérité et d'effort continu. Le pouvoir d'évocation volontaire manifeste donc une insuffisance par rapport aux normes applicables à cette patiente. Une telle insuffisance se rencontre très souvent comme séquelle psychofonctionnelle des traumatismes cérébraux. Il y a lieu de retenir ce symptôme, étant donné sa situation dans un ensemble parfaitement cohérent de réactions.

A une épreuve de mémoire visuelle (30 figures géométriques portant certains détails et qu'il faut compléter de mémoire), le résultat est faible; la jeune fille se situe au centile de 7, pour la population scolaire à laquelle elle appartient.

A un test de discrimination rapide de positions orientées à gauche et à droite, le résultat enregistré est normal.

A une épreuve consistant à suivre du regard une série de lignes enchevêtrées, les temps d'exécution pourraient être un peu plus rapides mais il n'y a aucune faute. A la reprise de l'épreuve il n'y a aucun signe objectif de fatigabilité de la motricité oculaire engagée dans cette épreuve. Interrogée, la jeune fille signale cependant que la céphalée a augmenté et qu'elle est contente d'en avoir terminé avec ce test.

Cette jeune fille, un peu maniérée, a bien collaboré. Elle parle franchement de ses petits défauts. Elle ne paraît pas revendicatrice; elle insiste cependant sur le fait que le conducteur qui l'a renversée était entièrement dans ses torts. Nous lui avons fait comprendre que ce fait intéressait la justice et n'avait aucun rapport avec les séquelles possibles d'une ancienne commotion cérébrale.

Ainsi il y a lieu de retenir une diminution du pouvoir d'évocation volontaire traduisant une certaine limitation des mécanismes de représentation et d'analyse de l'expérience cognitive récente. Cette limitation n'a pas empêché la patiente d'obtenir un diplôme de culture générale qui n'est toutefois pas du même ordre de difficulté qu'un baccalauréat. Le trouble mnésique se présente ici sous une forme très nette et bien circonscrite, telle que nous l'identifions souvent chez des patients ayant présenté de sérieux traumatismes cranio-cérébraux et qui collaborent bien à l'examen. Dans l'avenir il peut gêner un peu la patiente dans ses études d'assistante sociale mais non les compromettre. L'hyperfatigabilité intellectuelle et perceptive ne s'est manifestée que sur le plan subjectif.

Dans ces divers exemples le psychologue s'en tient à l'observation du comportement et à l'exploitation des faits psychométriques. On a volontairement utilisé des formes différentes pour exprimer des faits et des relations identiques et en évitant, autant que possible, un langage trop technique. Enfin il est normal, quand on constate des troubles mnésiques sérieux et de l'hyperfatigabilité d'en tirer des conclusions pratiques sur le plan de l'activité professionnelle et de la réadaptation du patient.

CHAPITRE V

Groupes neurologiques et neuro-psychiatriques divers

§ 1. Les profils moyens pathologiques que nous avons présentés jusqu'ici, nous paraissent solides et bien caractéristiques, tant par le choix minutieux des patients examinés (élimination des diagnostics douteux, des étiologies complexes, des mauvaises collaborations, de fortes réactions subjectives, des limitations sensorielles, etc.). La diversité de ces profils semble en outre épuiser la série des cas possibles : on voit mal en effet sous quelles formes cohérentes des profils pourraient venir caractériser électivement d'autres entités cliniques. Ainsi dans les cas portant des diagnostics d'épilepsie, de névraxite, dans les scléroses en plaques, dans les tumeurs cérébrales, etc., etc., nous n'avons pas pu constituer, en groupant nos cas, de profil moyen typique et de forme assez nouvelle pour les opposer aux grandes formes déjà dégagées. C'est donc par référence à ces formes fondamentales qu'on pourra décrire des profils concernant d'autres catégories de malades.

Néanmoins nous avons pu faire, ici et là, quelques observations qui méritent d'être rapportées, malgré le nombre souvent peu élevé de cas. Nous avons, en outre, encore quelques remarques générales à présenter. Ces considérations expliqueront le caractère quelque peu hétérogène de ce 5e chapitre.

§ 2. *Quelques cas de lésions frontales.* — Nous disposons dans nos documents d'un cas de lésion frontale bilatérale qui réalise presque le fait expérimental. Il s'agit d'un jeune homme de 18 ans qui à 2 ans d'un baccalauréat, qu'il préparait sans difficulté, tenta de se suicider. La balle traversa la tête de part en part déterminant une double lésion frontale. Voici les rendements enregistrés 1 mois après le tentamen ; ils sont présentés dans l'ordre habituel des sous-test :

20, 14, 20, 20, 20, 14, 12.

C'est l'effondrement relatif de la production aux sous-tests d'évocation qui est remarquable, surtout si on compare les valeurs aux performances qui précèdent et à ce que l'on est en droit d'attendre d'un jeune homme en pleine période d'études secondaires.

Chez une femme de 48 ans, opérée d'un méningiome frontal nous trouvons un profil présentant, avec un décalage général vers le bas, ce même déficit plus marqué de l'évocation volontaire :

test pré-opératoire : 20, 9, 4, 4, 1, 1, 0.
retest post-opératoire : 20, 12, 17, 16, 16, 10, 9.

Avant l'intervention le profil ne traduit que l'effondrement de toutes les formes de l'activité mnésique. Un mois après l'intervention, on trouve un profil normal en allure et en quantité à tous les sous-tests ; par contraste, l'évocation volontaire est seule très nettement affaiblie.

Dans un second cas de tumeur frontale chez une femme de 48 ans, nous relevons, d'une façon remarquable, les mêmes caractéristiques, accentuées encore en ce qui concerne l'évocation différée.

test pré-opératoire : 20, 12, 15, 16, 15, 11, 6.
retest post-opératoire à 2 mois : 20, 17, 20, 19, 19, 17, 13.

Enfin, dans un cas d'atrophie frontale mise en évidence par l'encéphalographie gazeuse, nous trouvons chez un homme de 51 ans, le profil suivant où les troubles d'évocation l'emportent également dans le déficit global.

Sous-tests : 20, 10, 10, 8, 5, 5, 4.

On ne fera pas un diagnostic de localisation à partir d'une statistique aussi réduite et surtout à partir de signes psychométriques dont on connaît le caractère polyvalent, mais il valait la peine de signaler ces quelques cas assez purs, commencement possible d'une série homogène.

Les particularités signalées méritent d'être versées au dossier clinique en mentionnant, dans les cas où il y a suspicion de tumeur, qu'elles rappellent des profils trouvés dans des cas de lésions frontales connues.

§ 3. *Les profils dans les cas de tumeurs cérébrales.* — A la diversité des lésions en foyer, à leur âge, à leur étendue, au degré d'hypertension, correspondent sans doute les profils les plus divers. Les documents dont nous disposons ne nous permettent aucune systématisation. Nous ne pouvons présenter que les remarques suivantes :

1. Il arrive que le déficit mnésique, en général, de forme globale et intéressant tous les sous-tests discriminatifs, soit le symptôme le plus net, alors que la clinique est encore très discrète (suspicion de tumeur cérébrale comportant dans la suite un diagnostic confirmé). Dans de tels cas, il vaut donc la peine d'apporter le plus grand soin à l'étude psychométrique et de bien s'assurer que le niveau intellectuel global, la collaboration ou l'âge avancé ne suffisent pas à expliquer la faiblesse des rendements.

2. Dans des cas de métastases cérébrales certaines, inopérables, il a été possible de suivre de semaine en semaine la péjoration jusqu'à l'anéantissement de la vie mentale. La méthode du retest est alors la plus simple et la plus avantageuse.

3. Dans les tumeurs cérébrales les divers symptômes aphasiques sont fréquents et nous les voyons se manifester dans le premier sous-test, soit par des difficultés d'articulation verbale (dysarthrie), soit par des difficultés de dénomination adaptée (aphasie amnésique). La présence discrète de ces troubles n'empêche pas de prendre utilement le P.R.M. car on peut mettre en évidence conjointement un affaiblissement considérable de la capacité d'évocation volontaire contrastant avec des rendements moins altérés lorsque l'activité peut s'appuyer sur des supports concrets. Les tests de recognitions auditivo-verbales seront particulièrement intéressants à appliquer dans de tels cas. L'établissement tardif, dans nos recherches, de cette dernière manœuvre, nous prive, pour l'instant, de faits.

Lorsque l'articulation est par trop laborieuse, lorsque le patient n'est pas parvenu à trouver le signe verbal convenant à au moins une quinzaine de dessins, il vaut mieux renoncer au P.R.M. sous peine d'accumuler sans profit les inconnues. On examinera alors la mémoire de fixation par des procédés sans composante verbale (mémorisation de position; recognition d'objets de formes vues; reproduction de dessins).

4. On peut faire les mêmes remarques dans les cas où se manifestent des symptômes d'agnosies visuelles pour les formes. Les malades perçoivent alors mal les dessins du premier sous-test et hésitent sur

la nature des données qu'ils peuvent représenter. Dans les cas où ces difficultés sont prononcées et où des hémianopsies se sont installées il vaut mieux examiner l'activité mnésique par des tests de mémorisation de données auditivo-verbales. [1]

§ 4. *Profil constitué avec 6 cas d'aphasie à symptôme moteur dominant.* — Six cas, d'étiologie vasculaire, individus droitiers, tous hémiplégiques, âgés de 42 à 65 ans, chez lesquels les troubles moteurs du langage étaient dominants, ont donné le profil moyen suivant :

Sous-test	Moyenne	Variation moyenne
1	19,5	0,5
2	11,5	2
5	16,5	1,5
3	12,5	2,8
4	10,5	3
6	9	2
7	8,6	2

Il est intéressant de relever à nouveau, chez ces 6 malades, dont la parole, très compromise, permettait cependant de comprendre la dénomination de 18 données au minimum sur les 20 du sous-test 1, l'existence de difficultés intéressant particulièrement l'évocation. Tous les profils individuels, comme le profil moyen, rappellent l'allure mise en évidence dans les détériorations du type Korsakoff de l'alcoolisme chronique. Il existe donc dans tous ces cas, derrière les difficultés très importantes de la parole, une difficulté à évoquer volontairement les données.

§ 5. *Profil constitué avec 6 cas de maladie de Parkinson.* — Avec 6 cas bien nets de maladie de Parkinson, sujets âgés de 53 à 69 ans, nous avons constitué le profil moyen suivant :

---

[1] A. Rey, *L'examen clinique en psychologie*, p. 141. P. U. F., 1965, 2e édition.

Sous-test	Moyenne	Variation moyenne
1	19,3	0,5
2	9,8	2,6
5	12,5	2,6
3	8,8	1,8
4	6,5	2,3
6	8,5	3,5
7	7,1	3

La forme de la courbe se rapproche de celle des états démentiels mais en se situant à un niveau moyen nettement plus élevé. On peut retenir chez ces malades un certain état de détérioration intellectuelle global. Leur lenteur caractéristique n'intervient pas ici, les temps d'identification pour les sous-tests 1 à 4 ayant été libres et le temps d'évocation de deux minutes pour les sous-tests 6 et 7 s'étant toujours montré largement suffisant pour épuiser les souvenirs.

§ 6. *Remarques concernant d'autres groupes de maladies.* — Parmi le vaste groupe des malades ayant présenté des crises épileptiques généralisées et soignés pour « état comitial » nous n'avons rien pu systématiser. On trouve toutes les formes de profil et de nombreux niveaux. On peut dès lors rapprocher les courbes individuelles des divers profils types qu'il nous a été possible de distinguer et relever chez les comitiaux, soit les régressions plus ou moins globales et profondes, soit la présence d'une encoche oligophrénique bien caractéristique, soit un affaiblissement portant surtout sur les mécanismes évocatoires.

Nous pouvons faire exactement les mêmes remarques pour les divers cas examinés de paralysie générale débutante et de syphilis cérébrale, pour un groupe de sclérose en plaques et sclérose latérale amyotrophique, pour le groupe des inflammations diffuses du système nerveux classées sous la rubrique « névraxite ».

§ 7. *Profil dans les dépressions endogènes et les dépressions réactionnelles.* — Dans les affections psychiatriques, le P.R.M. convient pour objectiver les débuts et le degré de possibles régressions intellectuelles ou l'intensité des blocages.

Dans d'autres cas il permettra de souligner l'intégrité et même la haute qualité de l'activité mnésique. Dans le groupe des dépressions, selon qu'il s'agit de la forme endogène, où aucune cause extérieure ne semble avoir déclenché l'état maladif, ou selon qu'il s'agit des formes réactionnelles, où la dépression est consécutive à des ennuis, des chagrins, des erreurs de conduite, deux profils moyens de formes différentes ont pu être constitués.

Voici les données mnésiques qui ont permis d'établir le graphique 9 (nous avons négligé de porter sur celui-ci les zones de variation moyenne pour ne pas le surcharger) :

Dépressions endogènes	Moyenne	Variation moyenne
Sous-test 1	20	—
» 2	11	3,2
» 5	14,8	3
» 3	12	3,7
» 4	11	3
» 6	10,1	2,7
» 7	11,2	2,6

Dépressions réactionnelles	Moyenne	variation moyenne
Sous-test 1	20	—
» 2	12	1,6
» 5	13,9	2,5
» 3	9,8	2,4
» 4	6,7	2,5
» 6	12,6	2,6
» 7	13,3	3

L'effectif des deux groupes n'est pas très élevé car nous avons tenu à ne confronter que des cas bien nets (15 cas de dépression endogène, 10 cas de dépression réactionnelle). La différence est assez spectaculaire : on trouve, en effet, une grosse encoche oligophrénique dans le groupe des dépressions réactionnelles (présente chez 9 sujets

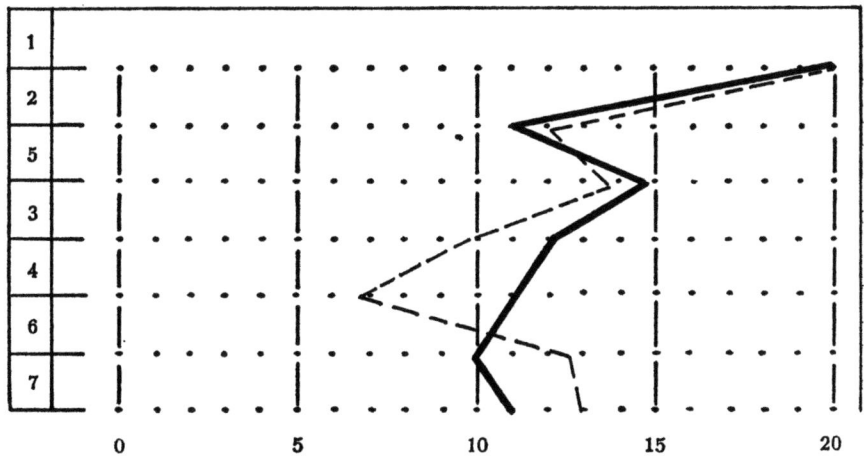

Fig. 9. Profil dans un groupe de dépressions endogènes (en trait plein) et dans un groupe de dépressions réactionnelles (en trait interrompu)

sur 10), tandis qu'elle est absente chez les déprimés endogènes (2 exceptions sur 15 cas). Le profil moyen des endogènes témoigne de l'affaiblissement global de l'activité mnésique et surtout évocatoire, tandis que chez les réactionnels on constate des difficultés d'identification des schémas, difficultés en rapport, comme nous le savons, avec la faiblesse des processus de structuration et la tendance aux perceptions réalistes et infantiles.

Cette constatation doit-elle surprendre?

On est souvent frappé dans les cas « réactionnels » par les jugements faux et limités des patients. En effet, si chacun devait réagir aux événements désagréables et douloureux de l'existence par une chute de tonus psychique et de vitalité, chute prononcée au point d'exiger surveillance et hospitalisation, on manquerait de place et de monde pour soigner les déprimés. Ceux qui se laissent pareillement entamer par les ennuis, les contrariétés et les chagrins ont un peu, en face de leurs difficultés, l'attitude qu'ils ont devant la signification des schémas du P.R.M.; ils n'opposent rien à l'événement, se laissent envahir par son aspect sombre ou catastrophique, ne lui opposent aucune activité et ne restructurent ni leur personne, ni leur vie, ni l'avenir. Il semble que chez beaucoup de ces « réactionnels » une certaine limite de l'intelligence joue un rôle dans cette abdication complète de l'effort de réadaptation.

Nous ne trouvons pas ces caractéristiques dans la forme endogène où l'on est toujours surpris par un contraste, parfois très net, entre la dépression et des conditions objectives d'existence satifaisantes. Le profil moyen de ces malades accuse un affaiblissement global des rendements; les processus onéreux d'évocation sont nettement touchés. On sera toujours prudent dans l'interprétation de ces résultats : un affaiblissement mnésique durable peut s'installer chez ces malades et on les voit évoluer dans la suite vers la régression irréversible démentielle (malades relativement âgés). L'affaiblissement peut être, au contraire, transitoire, dépendre de l'état d'adynamie, d'une entrave mentale par les préoccupations mélancoliques et s'atténuer ou disparaître l'accès dépressif passé.

CHAPITRE VI

Test complémentaire intéressant les troubles graves de la recognition

§ 1. *Le Test des figures superposées à identifier.* — Chez les patients trop détériorés psychologiquement le test P.R.M. est trop long; les sujets ne sont plus capables de se fixer sur la tâche complexe exigée d'eux; ils perdent de vue la succession des sous-tests et ne saisissent pas leur emboîtement. Il faut sans cesse les rappeler à l'ordre ou les situer à nouveau devant la tâche. Comme ces manœuvres ne s'inscrivent pas dans les résultats du test sous forme claire et conventionnelle on perd de l'information. Le psychologue conclura alors : « malade ne pouvant s'adapter suffisamment au test P.R.M. ». Est-ce dire que la psychométrie ne dispose plus d'instruments utiles pour l'examen de ces patients?

Cette technique s'adresse à la recognition et cherche à déterminer si le patient est encore capable de reconnaître qu'il a déjà perçu certaines données. Il s'agit pour lui de ne pas les percevoir deux ou trois fois de suite comme autant de stimuli chaque fois nouveaux. L'épreuve la plus simple consisterait à montrer au sujet une longue série d'objets, un certain nombre d'entre eux apparaissant deux fois; la tâche consiste alors à désigner ou à écarter comme ayant été déjà perçus les objets qui reviennent dans la série. Sous cette forme le test est fort long et la consigne parfois difficile à faire saisir. Le test dit « des dessins enchevêtrés » nous offre une autre possibilité.

On présente au sujet une feuille sur laquelle se trouvent 73 dessins linéaires plus ou moins enchevêtrés. Les uns sont relativement faciles à percevoir, leur forme se détachant bien sur le fond, les autres sont plus ou moins masqués par la superposition des tracés et un effort de ségrégation est nécessaire pour les identifier.

On demande au patient de désigner tout ce qu'il voit sur la feuille en lui faisant remarquer qu'à première vue on ne distingue pas grand-chose mais qu'avec un peu d'application on finit par distinguer un grand nombre de formes différentes. On l'invite à les montrer et à les nommer mais en évitant, si possible, de désigner deux fois de suite le même dessin.

On comprend facilement ce qui se passera chez les sujets très détériorés : le patient percevra les formes les plus faciles à dégager, mais celles-ci disparaîtront de son champ visuel tandis qu'on l'incitera à poursuivre et à examiner un autre secteur de la feuille. A un certain moment le balayage visuel ramènera sous les yeux des dessins déjà identifiés : un individu normal se rend compte alors que ces formes ont déjà été vues et nommées; il les écarte et cherche à en distinguer de nouvelles. L'individu devenu incapable de reconnaître ce qu'il a déjà et tout récemment perçu, cède à l'emprise des formes faciles qui paraissent à nouveau et il les nomme une seconde fois. On lui fera alors remarquer énergiquement que cette réponse a déjà été donnée et qu'il faut trouver de nouvelles formes; cela n'empêche pas certains gros détériorés mentaux de se répéter sans cesse.

C'est ce signe d'inconscience de la répétition qu'il importe de rechercher; sa présence témoigne d'une altération profonde de l'activité.

Ce test des « figures superposées » fait appel à un processus d'analyse perceptive et à une activité de dénomination. On n'interprétera pas ces résultats sur le plan mnésique chez des patients dont la perception visuelle ou le langage sont altérés. Il a été étalonné à partir de l'âge de 5 ans et peut rendre divers services en psychologie appliquée à la clinique, en tant que test intéressant l'activité perceptive. Il serait dommage de ne pas présenter ici la technique complète d'une épreuve qui, à côté de la recherche du signe d'inconscience de la répétition que nous venons de décrire, peut fournir de nombreux renseignements sur l'évolution de la perception des formes et le mode d'exploration visuel.

§ 2. *Technique de passation et étalonnages*. — On trouvera, à la fin de ce volume, une feuille de passation; pour le reste, voici la technique adoptée et les étalonnages constitués :

1. Temps de passation : 4 minutes.
2. Le test peut être pris collectivement ou individuellement.

Technique collective : la feuille portant les 73 dessins est remise retournée ; elle aura un repère dans l'angle supérieur gauche sur sa bonne face ; le sujet reçoit une feuille de papier blanc. On annonce que sur la feuille se trouve un grand nombre de dessins emmêlés. Dès que l'ordre sera donné la feuille doit être retournée (repère à gauche en haut) et l'on demande d'écrire en colonne, sur la feuille blanche, toutes les figures, formes, dessins pouvant être distingués. On doit reconnaître le plus de choses possibles et les désigner avec précision sans trop s'attacher à la calligraphie ou à l'orthographe. Cette technique collective a été utilisée à partir de l'âge de 10 ans.

Technique individuelle : elle ne pose aucun problème nouveau ; c'est l'examinateur qui écrit pour l'enfant ou pour le malade.

3. Cotation : Nous savons qu'il y a des figures faciles à percevoir tandis que d'autres, plus complexes ou mieux masquées, sont beaucoup moins apparentes. On a examiné qu'elles étaient les figures qui n'étaient jamais découvertes par les enfants de 5 à 6 ans ; elles se sont révélées être les mêmes que celles que les adultes percevaient rarement. Ces dessins furent alors côtés 2 points (on en trouvera la liste ci-après).

Voici maintenant d'autres conventions : les identifications correctes mais partielles valent ½ point (exemple : un bras ou une tête au lieu du corps entier). Les lettres, les chiffres, le point d'interrogation, la clé de sol valent 1 point jusqu'à 9 ans 11 mois ; ils sont côtés ½ point dès 10 ans. Enfin, toutes les autres figures correctement identifiées et nommées (d'une façon suffisamment adéquate pour exclure confusion ou erreurs) valent 1 point.

Les figures ont été numérotées ; nous ne reproduisons pas complètement ce repérage ; une orientation générale étant suffisante. Le chiffrage va de haut en bas et de gauche à droite par bande verticale (automobile 1, poisson 2, cube 3, etc. jusqu'en bas selon une bande verticale se terminant sur pomme 11, bouche et menton 12, escargot 36, chat 37, croissant 38... soulier 58, cloche 59, pot 60, tête de loup 61, chaise 62... locomotive 72, pommier 73). Ces indications permettront de repérer assez vite les figures cotées 2 points ; en voici la liste :

poisson	2	
cheval	4	
écusson	5	
bouche et menton	12	
2 montagnes	6	(1 point par montagne)

soleil	16
bateau	31
main	32
escargot	36
éléphant	40
perroquet, tête d'oiseau	47
sapin	52
2 cerises	54 (1 point par cerise)
pot	60
tête de loup, chien, renard	61 (museau = 1 point)
tête de femme	63
oiseau	65
hache	67
tulipe	68 (fleur, rose = 1 point)
feuille	70
serpent	71
pommier	73

Voici maintenant un étalonnage calculé sur la somme des points :

Age	0	25	50	75	100	n
(T. individuelle)						
5 à 5; 11	1	10	14,5	17,5	21,5	30
6 à 6; 11	8	14	17,5	22	30	»
7 à 7; 11	8	17	23	29	33	»
8 à 8; 11	9	20	28	29,5	42	»
(T. collective) École primaire						
10 à 10; 11	6,5	17	18	20,5	26	50
11 à 11; 11	9,5	16,5	19	22	29,5	»
12 à 12; 11	10	19,5	22,5	25	34	»
13 à 13; 11	13	18,5	22	25	34	»
14 à 14; 11	15	21	26	28,5	40,5	»
15 à 15; 11	14	21,5	25	28,5	43	»
Apprentis 15 à 18 ans	5	16	20	23,5	42	230
Étudiants	11	22,5	26	30	47	65

Chez les individus normaux soumis à la technique individuelle il peut arriver incidemment qu'un même dessin puisse être nommé 2 fois. Cette tendance disparaît, en général, immédiatement, lorsqu'on fait remarquer au sujet que cette répétition est une faute.

Le « signe d'inconscience de la répétition » n'est donc à retenir que lorsqu'en dépit de la consigne le patient ne peut s'empêcher de réagir plusieurs fois de suite aux mêmes dessins.

§ 3. *Autres emplois de ce test.* — La structure de ce test autorise d'autres investigations. Il est intéressant, par exemple, d'examiner la manière dont le patient explore la feuille : certains individus procèdent systématiquement de proche en proche, d'autres font des sauts plus ou moins grands et nombreux, d'autres enfin, complètement désordonnés, balayent le modèle et ne s'arrêtent que lorsqu'un dessin facile se présente tout à coup à leur perception.

En calculant les écarts existant entre les numéros d'ordre des 73 figures, chiffrage auquel nous avons fait allusion plus haut, on peut établir pour chaque individu un indice d'amplitude des déplacements et étalonner cette variable sur divers échantillons de population.

Un autre genre de recherche peut mettre en œuvre la technique suivante : on sélectionne un certain nombre de figures que l'on reproduit exactement sur un petit carton; le sujet a pour tâche d'identifier le plus vite possible, parmi les figures superposées de la feuille, le dessin du carton; on note les temps d'identification pour une vingtaine de figures ainsi sélectionnées.

Ces techniques n'intéressent plus la mémoire mais des aspects de la perception. Elles rendent des services en psychologie appliquée à la clinique mais, à présenter ici leurs résultats et leurs étalonnages, nous dépasserions le cadre de cet ouvrage.

CONCLUSIONS

Les problèmes soulevés au cours de cet exposé sont nombreux et touchent à des domaines variés de la psychologie générale. Les résumer et mieux analyser quelques-uns d'entre eux nous entraîneraient bien loin et hors du champ technique et pratique où nous nous sommes situé. Néanmoins, pour terminer, fixons quelques points de psychologie qui paraissent ressortir de l'application de notre technique d'examen.

Tout d'abord, s'il fallait hiérarchiser les troubles ou la baisse de l'efficience mnésique, c'est la succession suivante que nous proposerions :

1. Aucune méthode psychométrique ne permet d'objectiver de déficit. Le sujet a un sentiment de disponibilité mnésique proportionnel aux significations saisies lors de la perception des données et au degré d'effort consenti pour leur fixation.

2. Aucun déficit n'apparaît au test de routine P.R.M., mais le sujet éprouve sur le plan subjectif le sentiment que l'épreuve l'a anormalement fatigué. En allongeant l'examen, en variant les tests, en recourant à des épreuves complémentaires, on mettrait en évidence une hyperfatigabilité mentale qui, à un certain moment, peut manifester un effet sur les rendements mnésiques.

3. Aucun déficit n'apparaît au test de routine P.R.M. mais on met en évidence par une manœuvre convenable un effet trop intense d'inhibition rétroactive. Les facteurs intervenant dans les cas 3 et 2 peuvent évidemment ajouter leurs effets.

4. Des rendements affaiblis se manifestent au test P.R.M. mais avant tout aux sous-tests intéressant l'évocation. Des anomalies concernant d'autres parties de l'épreuve peuvent être en relation avec

le niveau intellectuel global et n'ont pas nécessairement une signification mnésique pour la clinique. La recognition, à l'épreuve complémentaire, est toujours normale. Une hyperfatigabilité mentale rapide peut à elle seule réaliser l'affaiblissement du pouvoir évocatoire.

5. Les rendements aux sous-tests d'évocation sont franchement pathologiques. En général tout le profil tend à passer à la limite ou en dessous de la limite de tolérance (il y a cependant des exceptions, syndrome frontal, certains Korsakoff bien différenciés intellectuellement). La recognition reste normale ou se trouve peu diminuée. L'hyperfatigabilité mentale intense peut jouer un rôle et intervenir, non pour créer, mais pour accentuer le tableau.

6. Nous sommes dans la grosse pathologie mnésique : tout le profil est plus ou moins effondré; l'évocation est la plus touchée (exception dans le groupe des oligophrènes); la recognition est nettement diminuée; les fausses recognitions apparaissent. Sur la base de nos statistiques on peut distinguer des profils caractéristiques intéressant quelques groupes nosologiques.

La recognition reste toujours supérieure aux taux d'évocation.

7. Le patient n'est plus adaptable utilement au test de routine P.R.M.; les troubles aphasiques, praxiques, gnosiques visuels, un comportement général mal orienté et mal adapté sont fréquents.

La démentification tend à gagner toutes les fonctions; on peut cependant rencontrer divers troubles psychoneurologiques encore discrets parfaitement compatibles avec la prise du P.R.M. et ne s'associant pas à des troubles mnésiques très importants (problème de la localisation des foyers, de leur étendue, de leur nombre, de l'état diffus ou circonscrit des lésions). Chez les patients classés sous chiffre 7 la recognition subsiste; le malade peut reconnaître en sachant qu'il reconnaît; seules les finesses et la précision de cette recognition sont diminuées. Il faut recourir à des tests spéciaux pour étudier l'état de la recognition (figures superposées, par exemple); ils peuvent mettre en évidence des troubles plus ou moins accusés dans la capacité à reconnaître consciemment.

8. Le patient peut avoir conservé de nombreuses habitudes qui jouent comme autant de réponses acquises face aux situations correspondantes mais les actes, les perceptions, ne font plus l'objet d'un enregistrement spatio-temporel d'actualité; les malades se repéteront donc, à de courts intervalles, sans conscience de leur répétition, sans report à un moment du passé.

9. On assiste à la désorganisation des habitudes classées sous chiffre 8.

Cette hiérarchie fait ressortir la fragilité relative, ou si l'on préfère, la sensibilité du processus évocatoire. Hautement organisé, beaucoup plus tardif génétiquement que les divers degrés et formes de la recognition, c'est lui qui manifeste le premier, à niveau intellectuel global égal des individus, les altérations de l'activité mentale, l'affaiblissement des rendements lorsqu'on examine les sujets dans des conditions bien déterminées et qu'il faut toujours préciser sous peine des pires confusions.

Est-ce à dire que l'évocation a toujours ce caractère hautement différencié et qu'elle est impossible ou minime si l'activité ne peut s'organiser à un niveau supérieur? On répondra négativement en considérant les résultats de certains oligophrènes; l'on sera dérouté de surcroît en constatant que des intellectuels, capables encore de réflexions fines, peuvent souffrir d'un affaiblissement des disponibilités évocatoires. Pourtant le processus, en dépit de ces exceptions, demeure situé à un étage très supérieur dans la hiérarchie des activités de la mémoire. Nous avons pensé et essayé de montrer que ces exceptions mêmes pouvaient nous éclairer sur la nature de quelques facteurs essentiels de l'évocation normale. Sous forme condensée, nous allons revenir à nos hypothèses, en renvoyant pour le détail à ce que nous avons déjà dit dans les chapitres qui précèdent.

Aucune évocation ne serait possible s'il n'existait pas un phénomène brut, élémentaire si l'on veut, se produisant au moment de l'impact sensori-moteur, lors du contact avec les données à fixer. Sans préjuger de la réalité physiologique sous-jacente, nous disons qu'il y a alors formation ou activation d'un certain nombre de circuits neuroniques. Lorsque les données sont inconnues, nouvelles, informantes il doit bien y avoir formation de quelque chose de nouveau.

Lorsque les données sont fortement significatives, redondantes, il y a réactivation de traces déjà présentes et souvent réactivées; au lieu d'une formation ou d'une impression, il y a alors surimpression des montages déjà possédés. Lors de l'évocation volontaire le sujet, de l'intérieur, réactive ces circuits en exploitant le degré de récence des surimpressions. Ce processus suffit à assurer un certain rendement évocatoire, à condition toutefois qu'il soit organisé à d'autres activités complémentaires qui n'assureront les rendements maximums que si elles sont elles-mêmes évoluées. Chez l'oligophrène les rendements sont assurés avant tout par le degré de récence des surimpressions avec un minimum d'activités complémentaires organisatrices et recrutantes des données perçues. Quelles sont ces activités? Il y a tout d'abord référence à une situation spatio-temporelle instituant et délimitant le moment du passé où la fixation s'est produite; c'est une conscience de l'histoire des événements et l'élection de l'un d'eux; c'est le point de départ de toute évocation volontaire répondant à un ordre ou à un besoin d'évoquer. Lorsque le moment de la fixation est très récent et que l'on est encore situé dans son contexte, comme dans le test P.R.M., ce repérage de récence est relativement facile : les oligophrènes et les petits en sont capables et l'existence des circuits les plus facilement réactivables se manifestent aussitôt. Lorsqu'il faut localiser le point de départ dans un passé beaucoup plus lointain et reconstituer le contexte de fixation, l'opération devient de plus en plus délicate et difficile; les oligophrènes et les jeunes enfants n'en sont plus capables sauf circonstances individuelles exceptionnellement favorables; par ailleurs, l'activité ne peut s'appuyer que sur des surimpressions déjà affaiblies. Le cadre spatio-temporel de l'évocation étant constitué un autre processus interviendra pour hausser le rendement, soit le nombre de données distinctes évocables. On trouve en effet des sujets bien orientés dans le cadre évocatoire mais qui fournissent cependant de faibles rendements. Quelles sont les conditions nécessaires pour que ces derniers augmentent?

A ce niveau interviendrait un phénomène de circulation-recrutement s'amorçant à partir des données les mieux fixées grâce aux phénomènes de surimpression. Cela suppose que les données aient été appréhendées comme un ensemble, qu'il s'agît précisément de restaurer comme tel, et que chaque élément assume certaine fonction à l'égard des autres et du tout. Ainsi, un individu normalement différencié sur le plan intellectuel, organise toujours plus ou moins une série hétérogène de données présentée à sa perception : les unes le frappent sans plus, d'autres sont notées selon certains rapports avec les premières, des classes limitées peuvent se constituer, des oppositions, des convergences, des sériations, des associations diverses se former. Bref, l'ensemble, qui a un commencement, un centre et une fin sera toujours plus ou moins structuré par les innombrables habitudes de l'esprit, par la compréhension, l'extension et par tous les groupements possibles des significations. Le phénomène de recrutement suppose une attitude et un effort pour reconstituer la structuration, le plus souvent implicite, qui s'est constituée lors de la perception. Nous y voyons une sorte de circulation interne s'effectuant à partir des données les premières évoquées et parcourant autour d'elles des zones de connaissances et de significations déjà sélectionnées, la perception de l'ensemble des données ayant assuré un premier classement (par exemple, collection de choses banales et très mêlées et non groupement spécialisé pouvant concerner une science, une topographie, une histoire cohérente, une forme de sensibilité, etc...). Cette circulation, qui dans le comportement se traduit par de l'imagerie et du langage intérieur, recrute alors des données non encore évoquées et présentant encore un degré de récence supérieur aux autres contenus possibles de l'esprit.

Il est rare toutefois que l'ensemble puisse être reconstitué dans sa totalité à partir d'une seule appréhension-fixation structurante spontanée des données. Un autre processus doit alors intervenir : la mémorisation. Il consiste à revenir à la collection, à la repercevoir, pour la structurer délibérement en vue d'une nouvelle évocation et cela autant de fois qu'il sera nécessaire pour assurer une reproduction de l'ensemble dans sa totalité.

Nous reviendrons plus loin sur ce cas spécial de la mémorisation.

Ainsi, le processus de circulation-recrutement n'assure certes pas la totalité de l'évocation après que le sujet a perçu une première fois les données mais il contribue à accroître considérablement le rendement en amenant l'individu à retrouver et à prendre conscience de son activité structurante spontanée. C'est ainsi qu'elle est fonction du développement intellectuel global du sujet et de l'effort qu'il veut bien consentir. Qu'on n'imagine pas toutefois que tout soit parfaitement rationnel dans ce travail et que seuls des rapports logiques ou universellement significatifs soient exploités. Il y a des liaisons de l'ordre affectif et non conscient qui interviennent aussi, groupant les données d'une façon arbitraire mais assurant néanmoins une structuration que l'effort de circulation-recrutement rétablit.

Finalement l'évocation suppose l'intervention simultanée des mécanismes suivants réciproquement ajustés :

a) un degré et une forme de signification attribués aux données ;

b) une réactivation-surimpression des circuits correspondant à ces significations et les établissant ou les rétablissant du même coup pour l'esprit ;

c) l'établissement du cadre spatio-temporel évocatoire ;

d) un premier jet de données évoquées, jet exploitant avant tout les surimpressions les plus fortes ;

e) un phénomène de circulation-recrutement exploitant la structuration spontanée implicite qui a joué au moment de la perception des données et qui vient accroître, en un second temps évocatoire le plus souvent, le rendement mnésique.

La valeur des mécanismes a, c et e dépend du niveau intellectuel global. L'ensemble du fonctionnement implique des conditions et propriétés physiologiques dont nous ignorons la forme et la nature exactes, les faits pathologiques autorisant toutefois quelques hypothèses. Enfin, toute évocation maximum suppose une attitude d'effort, une tension, une motivation.

Nous avons fait allusion plus haut à la mémorisation, activité que nous avons définie en partie. Dans la mémorisation le sujet répète les fixations, après avoir pu se rendre compte, chaque fois, de son taux d'évocation et cela jusqu'à ce qu'il soit capable de reproduire en totalité les données de l'ensemble.

Dans la mémorisation formelle on exigera en plus que l'ordre de succession des données soit également fixé. Les tests de mémorisation sont fort utiles en psychologie appliquée à la clinique. Ils permettent d'étudier un processus fort complexe où intervient, à côté de toutes les variables que nous avons examinées, une activité de contrôle du rendement par le sujet lui-même et un effort d'adaptation meilleur, de répétition en répétition, en fonction de ce contrôle même. De ce fait les tests de mémorisation sont plus compliqués à employer et l'interprétation des résultats est plus difficile que ceux du P.R.M. où l'on s'est efforcé de réduire à l'essentiel la provocation et l'observation de l'activité mnésique. Les tests de mémorisation ont par contre une grande valeur, lorsqu'on se soucie d'aptitude et particulièrement avec des sujets posant des problèmes scolaires. Nous avons présenté il y a quelques années un exemple de test de mémorisation auditivo-verbale et une certaine « clinique » de ses résultats [1].

Toute l'analyse du mécanisme évocatoire que nous venons de donner dans cet ouvrage peut être utilement appliquée à ce test et compléter ainsi un travail antérieur; réciproquement on trouvera dans cette étude quelques compléments à ce que nous avons examiné ici.

Il existe bien d'autres tests de mémoire ou de mémorisation et il n'est peut-être pas inutile, pour terminer, de les situer par rapport aux formes de testage dont nous venons de nous occuper. Ces épreuves

---

[1] A. Rey, *L'examen clinique en psychologie*, P. U. F., Paris, 1964, p. 141 et suivantes.

font appel en réalité, et souvent exclusivement, à des activités de structuration, visuo-spatiales en général.

Supposons, distribués sur une surface et en apparence irrégulièrement distribués, un ensemble de 7 points. Supposons que la tâche consiste, après une présentation de cet ensemble, à reproduire correctement les points en nombre et en positions réciproques. Ce travail exigera, semble-t-il, un certain nombre de présentations successives jusqu'à ce que, de proche en proche, les points soient fixés et que leur reproduction correcte soit possible. Mais imaginons aussi que le sujet remarque immédiatement ou rapidement que les points soient organisables en un carré et un triangle plus ou moins intriqués. Si l'individu est capable de cette structuration, la fixation sera instantanée et au lieu de solliciter une mémorisation, où l'effet de chaque répétition et tâtonnement doit se fixer et s'ajouter aux précédents, il n'y aura que reproduction simple d'une perception structurée et immédiatement intelligible. On voit sans plus combien une telle tâche est différente de la saisie mnésique d'une collection d'éléments disparates se prêtant très mal à une structuration évidente et rapide en un tout. On confond trop souvent dans les recherches et dans le testage les tests de structuration et les tests d'évocation, avant tout en voyant en chacun d'eux un même recours à la mémoire. En réalité dans un test de structuration l'essentiel de l'activité repose sur le mécanisme *a* de notre classification qui implique la découverte ou l'attribution d'une signification aux données présentées. On peut, il est vrai, en jouant sur le mode de présentation, faire paraître les données selon une succession ou des formes qui empêchent leur structuration instantanée (par exemple en plaçant les points sur autant de surfaces égales superposées puis présentées successivement ou bien en montrant simplement sur une surface quadrillée la position de chaque point [1]). Dans ces cas nous aurons affaire à une structuration faite de mémoire puisqu'il faut se souvenir de la position de chaque point pour pouvoir structurer l'ensemble. Mais ici intervient alors souvent une persistance ou une reprojection perceptive de ce qui vient de disparaître sur ce qui paraît. Cette possibilité facilite l'organisation de la série et on ne peut plus parler d'évocation au sens strict.

Notons encore que l'on rencontre assez souvent chez les individus, chez les mauvais écoliers en particulier, où cette étude mérite toujours

---

[1] Nous avons proposé divers tests de ce genre. Voir " Six épreuves au service de la psychologie clinique ", Bettendorf, Bruxelles, 1950; " Mémorisation d'une série de positions ".

d'être entreprise, une dissociation entre la capacité évocatoire d'un ensemble de données hétérogènes et non intégralement structurables en une seule donnée (série de mots ou de dessins hétérogènes à mémoriser) et la capacité à structurer un matériel visuo-spatial (fixation d'une série de positions, par exemple). Ce dernier type de test peut donner en effet de bons résultats alors que ceux de l'autre type sont lamentables. Faut-il alors opposer ou hiérarchiser ces performances opposées? Dans les tests d'évocation le rôle de la verbalisation est évidemment primordial et un facteur de santé et de différenciation verbale joue un rôle certain, parfois prépondérant (d'où une forte corrélation des tests d'évocation avec la performance scolaire verbale). Mais il faut remarquer aussi que l'évocation est beaucoup plus complexe que la simple structuration visuo-spatiale. Elle fait intervenir des structurations libres beaucoup plus subtiles et surtout moins évidentes et contraignantes que la fixation d'une simple succession de positions ou d'orientations. Il y a donc certainement un problème de niveau intellectuel mais aussi de mémoire réelle, de facteur pur d'évocation, derrière cette facilité relative à structurer du matériel visuo-spatial, aisé à organiser, facilité s'opposant à la difficulté à structurer une série hétérogène de données auditivo-verbales ou visuelles.

Notons encore que, si nous avons abandonné, pour les examens psychologiques intéressant la grosse pathologie, les tests de structuration, c'est qu'ils offrent souvent un inconvénient. En effet, pour réussir devant de telles épreuves, il est essentiel que le sujet comprenne rapidement qu'il faut structurer le plus simplement possible et selon l'évidence, pourrait-on dire, le matériel présenté. Tant qu'il n'adopte pas cette attitude et qu'il essaie de retenir chaque point, chaque élément pour lui-même, il ne peut aboutir; l'inhibition rétroactive détruit à mesure ce qui semble être retenu et les répétitions se succèdent en épuisant le malade. Si, par contre, on montre qu'il faut structurer et de quelle manière, certains sujets à mémoire pourtant fortement altérée, comprennent aussitôt et le test perd alors toute signification pour l'examen d'une fonction mnésique. De tels inconvénients, entraînant tantôt une surestimation, tantôt une sous-estimation de la capacité d'évocation volontaire réelle des patients, sont évités, en une large mesure, si la nécessité de formes de « structuration globale tout ou rien d'un seul ensemble » ne sont pas en cause, comme c'est le cas, croyons-nous, dans le test P.R.M.

APPENDICE

Voici quelques conseils pour les psychologues qui se proposent d'employer le test P.R.M.

1) Il est inutile de se procurer en nombre égal des formules intéressant toutes les versions du test. C'est la version « sapin » (commercialement version 1) que l'on emploiera le plus; c'est la mieux étudiée, celle avec laquelle on débute lors d'un examen et qui fait souvent l'objet d'un retest. Les autres versions servent à des contrôles qui sont relativement rares dans la pratique. A la consommation de 100 formules de la version 1 ne correspondra approximativement que celle d'une dizaine de formules des autres versions.

2) La technique de présentation et de passation des divers sous-tests doit être scrupuleusement respectée. Nous n'avons pas jugé utile de la reproduire dans son ensemble, mais les débutants feront bien de revoir le Chapitre I et de relever exactement la succession des consignes et des manœuvres.

3) De même, nous aurions pu présenter sous forme de tableau l'ensemble des signes révélateurs d'une mauvaise collaboration de la part du patient. Si un signe isolé a peu de signification, l'accumulation de ces réactions suspectes prend du poids. Le débutant fera bien d'en dresser la liste en partant des remarques que nous avons présentées à cet égard tout au long de cet ouvrage. Cette liste facilitera une méditation parfois nécessaire sur les résultats enregistrés.

4) Pour le test complémentaire de recognition il est utile de préparer un certain nombre de formules. Cela facilitera la lecture des données et l'inscription des résultats.

5) Enfin, pour le test complémentaire des figures superposées, la formule n'étant pas « consommée », il suffit de se procurer un ou deux exemplaires de l'épreuve et de les tenir sous protection d'une enveloppe transparente.

N.B. : Les formules de tests sont reproduites avec une réduction de 1/5. Il va de soi que ces réductions ne peuvent servir à l'application du test.

Le psychologue praticien aura recours à la formule de format normal éditée séparément.

Les formules de tests peuvent être obtenues chez l'éditeur.

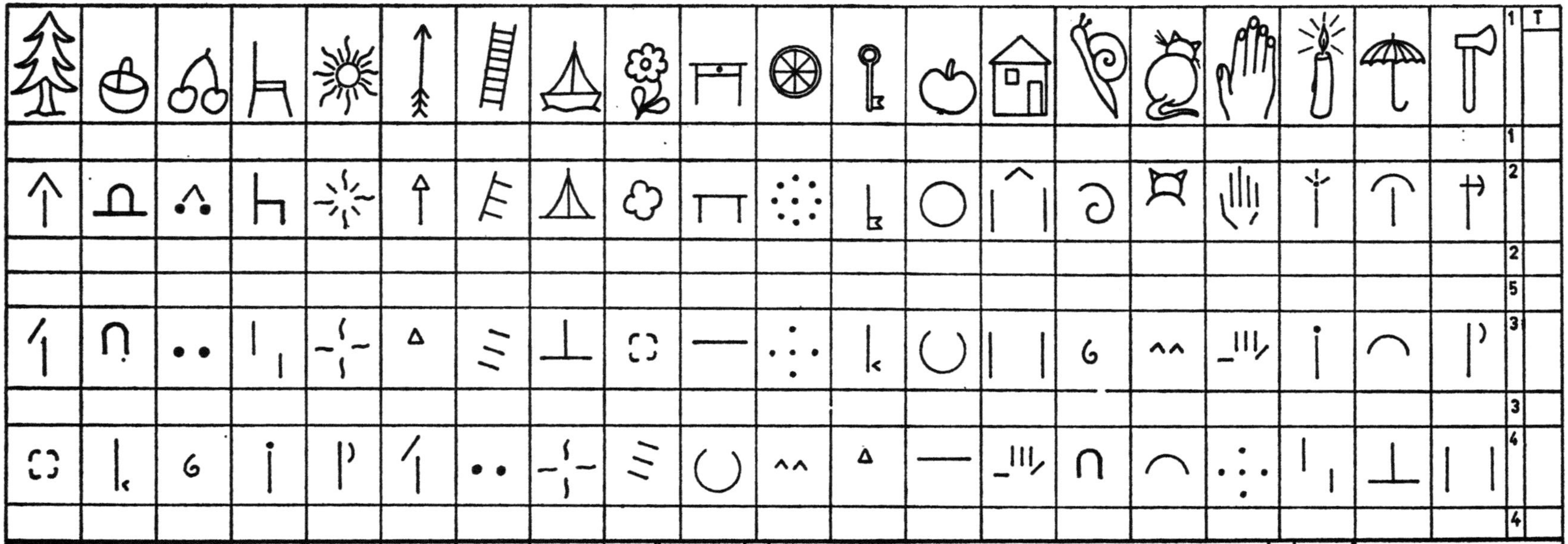

sa.	fich.	ro.	cht.	sa.	fich.	ro.	cht.	d 6
pa.	é.	c!	mn.	pa.	é.	cl	mn.	
c.	bt.	pm.	bg.	c.	bt.	pm.	bg.	d 7
chs.	flr.	ms.	prp.	chs.	flr.	ms.	prp.	
so.	ta.	es.	h.	so.	ta.	es.	h.	
30"	fx			30"	fx			
60"				60"				
90"				90"				
120"				120"				

P1	1
P 2	2
Rs 2	5
Rs 3	3
Rs 4	4
E	6
Ed	7

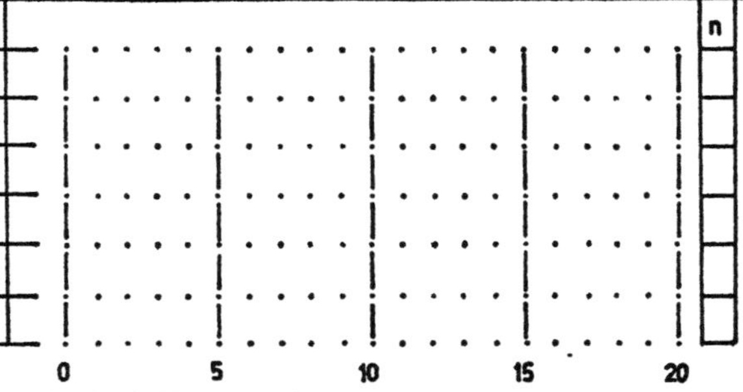

NOM ______

______

AGE ______

DATE ______

PROFESSION ______

______

Limite de tolérance

Résultat au

P. R. M. 1, A. Rey

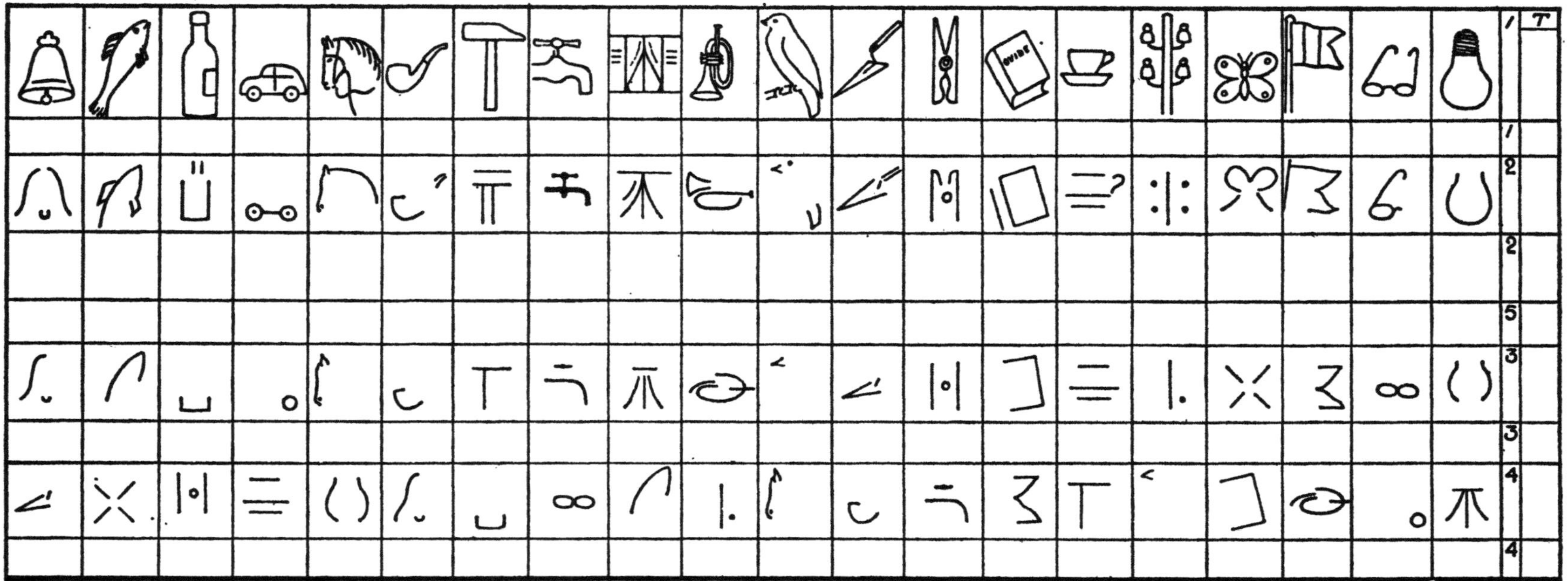

6				7				
clo	pip	ois	pt	clo	pip	ois	pt	d 6
pois	mar	tru	pap	pois	mar	tru	pap	
bt	rob	pce	dra	bt	rob	pce	dra	
aut	fen	liv	lun	aut	fen	liv	lun	d 7
chev	trom	tas	amp	chev	trom	tas	amp	
fx				fx				

P_1	1	
P_2	2	
R_{s2}	5	
R_{s3}	3	
R_{s4}	4	
E	6	
Ed	7	

0 5 10 15 20

n

NOM ______

ÂGE ______

DATE ______

PROFESSION: ______

P. R. M. 2, A. Rey

P. R. M. 3, A. Rey

NOM _____
AGE _____
DATE _____
PROFESSION _____

© Charles Dessart, éditeur, Bruxelles - 1966.

Résultat au _____ Limite de tolérance

	1	2	5	3	3	4	4
P1	1						
P2		2					
Rs 2			5				
Rs 3				3			
Rs 4						4	
E					6		
Ed					7		

d 6		d 7			
fou.		chp.	bob.	coll.	fau.
tél.		vis	cac.	fon.	tor.
t.t.		ba.	tra.	mar.	env.
7 po.	pt.	chm.	p.h.	ét.	
fx					

fou.	chp.	bob.	coll.	fau.
tél.	vis	cac.	fon.	tor.
t.t.	ba.	tra.	mar.	env.
6 po.	pt.	chm.	p.h.	ét.
fx				

P. R. M. 4, A. Rey

NOM ———
AGE. ———
DATE ———
PROFESSION ———

© Charles Dessart, éditeur, Bruxelles - 1966.

Résultat au — Limite de tolérance

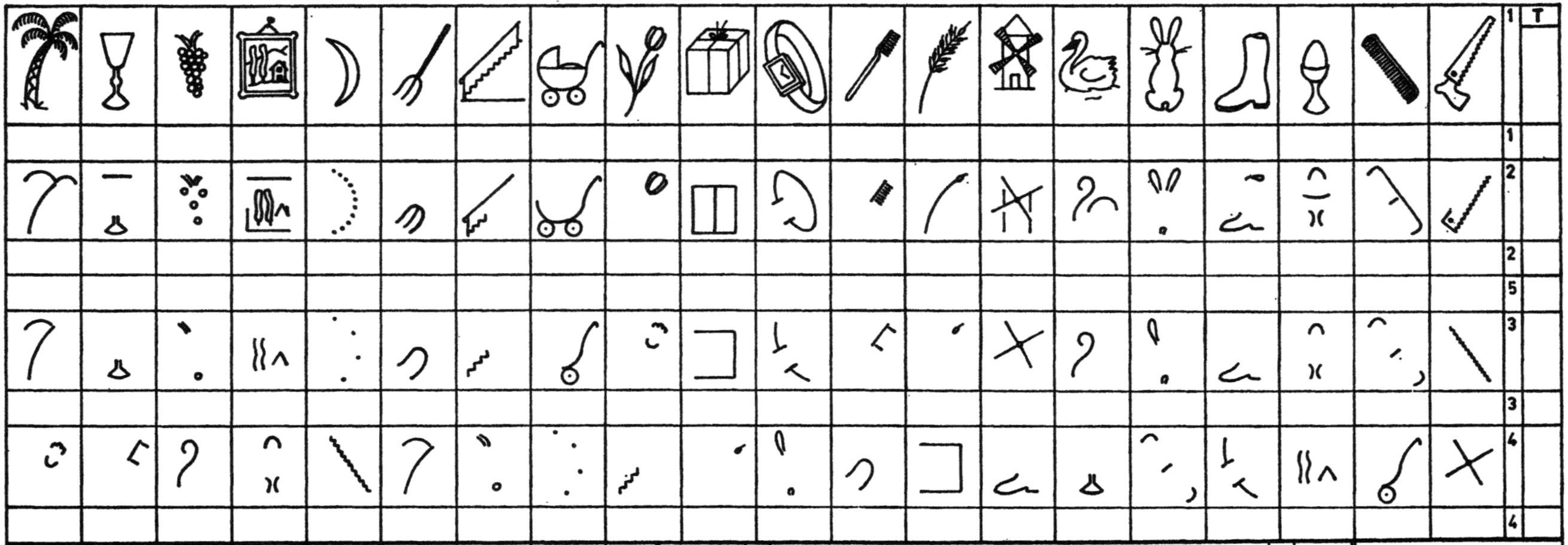

6 pal.	fou.	mon.	la.
ver.	esc.	bro.	bo.
rai.	pou.	é.	oe.
tab.	tu.	mou.	pei.
lu.	pqt.	cy.	sc.
fx			

7 pal.	fou.	mon.	la.
ver.	esc.	bro.	bo.
rai.	pou.	é.	oe.
tab.	tu.	mou.	pei.
lu.	pqt.	cy.	sc.
fx			

d 6

d 7

P 1	1
P 2	2
Rs 2	5
Rs 3	3
Rs 4	4
E	6
Ed	7

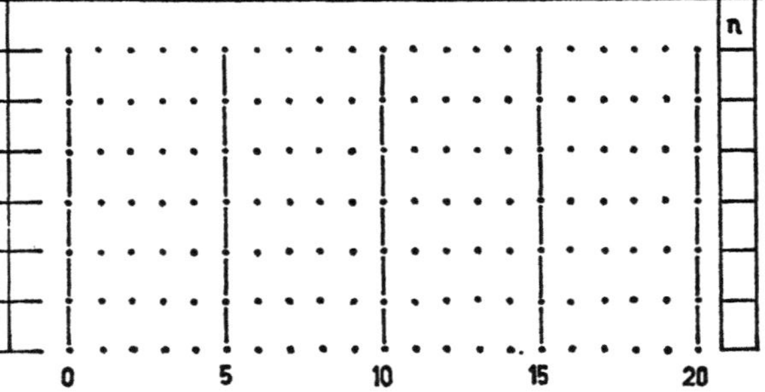

NOM ______

______

AGE ______

DATE ______

PROFESSION ______

______

Limite de tolérance

Résultat au

P. R. M. 5, A. Rey

TABLE DES MATIÈRES

Avertissement	5
Partie introductive	7
Partie psychotechnique	21
Chap. I — Présentation du test dit « Profil de rendements mnésiques » (P.R.M.)	21
Chap. II — Établissement des profils de rendements et étalonnages sur divers échantillons de population	43
Partie clinique	73
Introduction	73
Chap. I — Groupe des régressions démentielles . .	77
Chap. II — Groupe des états oligophréniques . . .	97
Chap. III — Groupe des détériorations mnésiques dans l'éthylisme chronique	117
Chap. IV — Groupe des encéphalopathies post-traumatiques	125
Chap. V — Groupes neurologiques et neuro-psychiatriques divers	153
Chap. VI — Test complémentaire intéressant les troubles graves de la recognition	161
Conclusions	167
Appendice	175

Chez le même éditeur :

PSYCHOLOGIE ET SCIENCES HUMAINES
collection publiée sous la direction de MARC RICHELLE

1. Dr Paul Chauchard
   La maîtrise de soi (*4ᵐᵉ édition*)

2. Philippe Muller
   La Psychologie dans le monde moderne (*2ᵐᵉ édition*)

3. André Rey
   Connaissance de l'individu par les tests (*2ᵐᵉ édition*)

4. Clyde Kluckhohn
   Initiation à l'anthropologie

5. François Duyckaerts
   La formation du lien sexuel (*3ᵐᵉ édition*)

6. L. C. Dunn & Th. Dobzhansky
   Hérédité, race et société

7. Paul-A. Osterrieth
   Faire des adultes (*3ᵐᵉ édition*)

8. Winfrid Huber, Herman Piron, Antoine Vergote
   La Psychanalyse, science de l'homme

9. Daniel Widlöcher
   L'interprétation des dessins d'enfants

10. Saül Gellerman
    Problèmes humains dans l'entreprise

11. Berthe Reymond-Rivier
    Le développement social de l'enfant et de l'adolescent

12. Maurice Dongier
    Névroses et troubles psychosomatiques

13. Antoine Vergote
    Psychologie religieuse